Melanie Stadelbauer

Emotionaler Missbrauch

Impressum

Autor: Melanie Stadelbauer

Layout: ©MS-Design 2019

ISBN Paperback: 978-3-7497-1222-9

ISBN E-Book: 978-7497-1224-3

Verlag und Druck: tredition GmbH, Halenreie 40-44,

22359 Hamburg

Danksagung

In erster Linie möchte ich meinem Mann und meinen Schwiegereltern danken. Denn durch sie durfte ich auf ganz besondere Art und Weise lernen, was es bedeutet, eine Familie hinter sich zu haben, die immer füreinander da ist und jeden so akzeptiert, wie er ist.

Gott hat meine angeheiratete Familie maßgeblich dafür gebraucht, damit ich Heilung erfahren konnte und nach Jahrzehnten mein Schweigen gebrochen habe, um offensiv mit meiner Vergangenheit umzugehen.
Der Dank gilt auch allen anderen, die im Laufe der Jahre für mich da waren und mich durch die Höhen und Tiefen meiner Heilung hindurchbegleitet haben.

Inhaltsverzeichnis

Vorwort

„Nimm das Leben nicht so ernst, du kommst sowieso nicht lebend heraus!" (Verfasser unbekannt)

Kennst du diesen Spruch?

Wo genau dieser Spruch herkommt oder wer ihn in die Welt gesetzt hat, ist unbekannt. Die Person hat sich aber sicher etwas dabei gedacht. Für mich bedeutet das, dass wir fröhlich durch das Leben gehen und es genießen sollen. Denn irgendwann müssen wir eh alle sterben.

Wenn immer alles glattläuft und wir einfach nur mit Freude genießen können was wir haben, ist das mit dem „nicht so ernst nehmen" sicher auch recht einfach.

Was aber, wenn wir durch extrem schwere Zeiten müssen? Wie sollen wir das nicht ernst nehmen, wenn unser Leben von anderen Menschen fremdbestimmt wird?

Was, wenn Missbrauch unser ganzes Leben bestimmt?

In diesem Buch erfährst du meine Geschichte. Jedoch nicht nur die negative Seite. Viel wichtiger als die Zeiten des Missbrauchs ist nämlich das, was kam, nachdem ich vor 10 Jahren meinem alten Leben den Rücken gekehrt habe, um endlich frei zu sein.

Diese vergangenen 10 Jahre hat Gott maßgeblich dazu genutzt, um mich von meinen Verletzungen zu heilen, neues Vertrauen in mir wachsen zu lassen und mir Menschen zur Seite zu stellen, die mich jeden Tag aufs Neue spüren lassen, dass jeder einzelne Mensch wertvoll ist!

Wenn du dieses Buch gekauft hast, weil du mich persönlich kennst, wünsche ich dir viel Freude dabei, mich ein kleines bisschen näher kennenzulernen.

Hältst du es jedoch in deinen Händen, weil du selbst Missbrauch in deinem Leben erfahren hast, oder noch erfährst, dann wünsche ich dir von Herzen, dass du durch meine Geschichte dazu ermutigt wirst deiner Vergangenheit den Rücken zu kehren und Gott eine Chance zu geben, deine Wunden zu heilen.

Deine Melanie

Wenn Scheiße zu Dünger wird

Kennst du das, wenn du verzweifelt versuchst von etwas loszukommen und es einfach nicht schaffst? Das Gefühl, dass etwas „einfach nicht abreißen" will?

Wenn nicht, dann gehörst du wohl zu den wenigen glücklichen Menschen auf der Erde, die ihr Leben vollkommen im Griff zu haben scheinen.

Ich jedenfalls gehöre nicht zu dieser Gattung Mensch. Mein Leben wäre schon fast langweilig, wenn nicht ständig irgendetwas anderes versuchen würde mich zu binden und am Vorwärtskommen zu hindern.

Am Schwierigsten ist es wohl sein Leben in den Griff zu bekommen, wenn man Missbrauch erlebt hat. Zumindest kommt es mir so vor.

Meistens geschieht der Missbrauch durch Menschen, die einem nahe stehen und denen man vertraut. Vergewaltigungen zum Beispiel die durch völlig fremde passieren, sind dabei die Ausnahme. Kindesmissbrauch geschieht am häufigsten innerhalb der engsten Familie. Oft sind es die eigenen Eltern, die ihre Kinder misshandeln. Und dabei muss es sich nicht einmal um sexuelle Übergriffe handeln.

Denn Missbrauch fängt schon mit dem an was wir sagen und leider sind häufig Kinder die Leidtragenden, wenn Eltern Missbrauch erleben. Missbrauch hat viele Gesichter und meistens geschieht er so schleichend, dass die Betroffenen es erst bemerken, wenn es schon zu spät zu sein scheint.

Krass klingt das ja schon: „Scheiße, die zu Dünger wird."
Doch es trifft genau den Kern meiner Geschichte.
Wenn ich einen Zeitpunkt nennen müsste, wann der Missbrauch in meinem Leben begonnen hat, könnte ich nicht wirklich antworten. Denn genau genommen liegt dieser Zeitpunkt noch vor meiner Geburt. Als meine Mutter mit mir schwanger war. Eine Zeit, in der mein Großvater beschloss, dass ein uneheliches Kind nicht in die Familie passen würde und meine Mutter gezwungen hat, in eine Adoption einzuwilligen. Eine Adoption, die weder sie noch mein Vater wollte. Doch sie hatte keine andere Wahl als zuzustimmen. Sie war erst 17 Jahre alt und somit minderjährig. Nach meiner Geburt hat sie die Zustimmung zurückgenommen, notariell beglaubigt. Zu diesem Zeitpunkt war ich bereits in meiner Adoptivfamilie. Das Jugendamt dachte gar nicht daran, meiner leiblichen Mutter eine Chance zu geben. Ohne Grund. Einfach so. Sie durfte mich nicht sehen, es fand kein Umgang statt. Ich blieb in der Pflegefamilie. Sämtliche Versuche mich zurückzubekommen wurden vom Jugendamt boykottiert. Bis 6 Jahre nach meiner Geburt die Unterschrift zur Adoption durch ein Gericht ersetzt wurde. Das alles weiß ich nicht aus Erzählungen – dass alles stand so in den Akten des Jugendamtes und ist offiziell dokumentiert!
Auch, wenn es mir in meiner „neuen" Familie gut ging: Der Missbrauch hat sich durch mein Leben gezogen wie ein roter

Faden. In den ersten Jahren ging es mir noch gut. Ich hatte alles, was ich gebraucht habe. Eine Familie, die mich aufgenommen und geliebt hat.

Doch später war Missbrauch an der Tagesordnung. Körperlicher Missbrauch, sexueller Missbrauch, emotionaler Missbrauch. In der Schule, in meiner ersten Ehe. Am Schlimmsten war für mich allerdings der Missbrauch innerhalb der Kirche. Dort, wo ich Hilfe und Heilung erwartet hatte, erlebte ich den größten Schmerz. Ablehnung, Verachtung und Unterdrückung.
Suizidgedanken und -versuche bestimmten meinen Alltag, denn so wollte ich nicht leben.
Ich bin in eine Ehe gerutscht, weil ich Angst davor hatte alleine zu sein. Doch auch diese Beziehung war von Missbrauch bestimmt. Erst als mein Mann kein „Nein" mehr geduldet hat und mir jegliche Würde genommen hatte, habe ich es geschafft meinen Sohn zu nehmen und diesem Leben den Rücken zu kehren.

Als ich meinen zweiten Mann kennengelernt habe, wusste ich selbst nicht mehr wer ich war. Ich hatte keine Werte mehr, kein Selbstwertgefühl und kein Vertrauen in mich und meine Fähigkeiten. Ich war fest davon überzeugt, dass ich zu nichts fähig war. Und vor allem davon, dass ich es nicht wert war geliebt zu werden. Doch irgendwie hatte dieser Mann es damals geschafft, hinter meinem zerrissenen Leben die Frau zu erkennen, die Gott sich einst gedacht hatte. Ich hatte einen langen Heilungsweg vor mir. Jahre, in denen mein Mann damit klarkommen musste, dass mir an manchen Tagen schon eine Berührung fast zu viel war. Jahre, in denen ich täglich gekämpft habe, mein Leben in den Griff zu bekommen und vor allen Dingen zu lernen, neu zu vertrauen.

Am Schwierigsten war für mich jedoch, dass ich in keiner Kirche Halt gefunden habe. Ich konnte mich noch so sehr bemühen. Doch durch das fehlende Vertrauen habe ich es nicht geschafft, mich dauerhaft einer Gemeinde anzuschließen. Ich war Christ, war mir sicher, dass Gott da ist und es einen Grund dafür gibt, dass ich das alles durchmachen musste.

Bis ich jedoch in der Lage war über meinen Schatten zu springen und den Menschen in meinem Leben einen Vertrauensvorschuss zu geben, waren mein Mann und ich schon 6,5 Jahre verheiratet. Erst durch die Ermutigung einer Frau die ebenfalls Opfer von geistlichem Missbrauch gewesen war, konnte ich mich dazu entschließen der Heimatgemeinde meines Mannes einen Vertrauensvorschuss zu geben.

Nach einem Gespräch mit dem Pastor habe ich beschlossen in die Offensive zu gehen und den Menschen dort von einem Teil meiner Vergangenheit zu erzählen. Und dieses Vertrauen wurde belohnt.

Mit Gott an meiner Seite und Menschen in meinem Leben, die mich so genommen haben, wie ich war, hatte ich endlich eine Chance, wieder zu neuem Glauben zurückzufinden.

Ich durfte lernen, dass ich Fehler machen darf und dennoch geliebt werde. Dass ich nicht alles alleine schaffen muss, sondern Menschen in meinem Leben sind, die mich unterstützen und für mich da sind, um zu helfen, wenn Hilfe nötig ist. Und vor allem darf ich jeden Tag aufs Neue erleben, wie sehr Gott mich liebt. Heute bin ich wieder eine fröhliche Frau, die ihr Leben genießt.

Ja, Scheiße habe ich erlebt. Mehr als genug für zehn Leben. Doch Gott hat diese Scheiße in Dünger verwandelt! Und auf dem gedüngten Acker kann neues Leben wachsen und anderen Menschen zum Segen werden!

Dieses Buch ist der zweite Teil der Supermama-Reihe und erzählt, wie ich zu der Frau wurde, die ich heute bin. Das Buch unterscheidet sich von dem ersten Teil, da ich diesmal auf die Nachfrage von vielen Leserinnen mehr über mein Leben und mich selbst erzählen werde, was es mehr zu einer Biografie werden hat lassen. Viel mehr, als ich ursprünglich geplant habe. Ich bin mir allerdings sicher, dass es der richtige Weg ist. Denn über Missbrauch in seinen ganzen Facetten wird leider immer noch viel zu sehr geschwiegen. Wenn aber jeder nur schweigt, niemand in die Offensive geht und über seinen Kampf aus der Spirale des Missbrauchs herauszukommen erzählt, wird sich nie etwas ändern.

Ich möchte mit diesem Buch Menschen dazu ermutigen über ihren Schatten zu springen und auf Gottes Führung in ihrem Leben zu vertrauen.

Denn es ist egal, was du erlebt hast. Es ist egal, wie schwer deine Vergangenheit war. Es ist egal, welcher Art von Misshandlungen du in deinem Leben ausgesetzt warst oder vielleicht noch bist.
Gott weiß, wo du dich versteckst! Und er hat einen Weg parat dir aus dem Schatten deiner Vergangenheit herauszuhelfen, dich zu heilen und zu einem Segen für andere Menschen zu machen!

Du musst ihm nur die Türe öffnen!

Warum gerade ich?

Wenn ich im Gottesdienst sitze und meine 4-jährige Tochter dabei beobachte, wie sie zwischen den ganzen Menschen, die sie besonders gerne mag, abwechselt und sich bei jedem dieser Menschen kurz auf den Schoß setzt, dann geht mir innerlich das Herz auf.

Ich finde es total beruhigend, wie selbstverständlich sie auf andere Personen zugeht, sich die Zuwendung holt, die sie gerade braucht.

Früher war ich auch einmal so. So offen. Ich bin auf jeden Menschen, der mich interessiert hat, zugegangen. Habe jeden, mit dem ich sprechen wollte, einfach angesprochen. Als Teenie war ich ständig auf irgendwelchen Jugendveranstaltungen zu finden, habe immer neue Kontakte geknüpft und hatte einen scheinbar riesigen Freundeskreis.

Doch trotz der vielen Menschen, die mein Leben vermeintlich bereichert haben, war ich innerlich so leer wie eine leere Getränkedose.

Und diese Leere habe ich versucht zu kompensieren. Da ich bereits mit 9 Jahren an Migräne erkrankt bin und ab meinem 12. Lebensjahr auch Medikamente dagegen bekommen habe, war es sehr einfach, an Schmerzmittel zu kommen. Ich musste nur Kopfschmerzen vortäuschen und schon hatte ich meine Tablette. Die Weichen für meine spätere Tablettenabhängigkeit waren gestellt. Später, als ich volljährig war, konnte ich mir sowieso kaufen, was ich wollte und da waren Schmerztabletten mein treuer Begleiter. An manchen Tagen habe ich beinahe die doppelte Dosis Schmerztabletten geschluckt, als laut Packungsbeilage zulässig war.

Ich hatte meinen Ausbildungsplatz, eine eigene Wohnung - und war so einsam wie nie zuvor.

Mit den Jugendlichen aus der Gemeinde, in die ich zu diesem Zeitpunkt ging, kam ich nicht zurecht, Schulfreundschaften hatte ich so gut wie keine beibehalten und echte neue Kontakte konnte ich auch nicht knüpfen. Der Kontakt zu meiner Familie war sehr oberflächlich. Ich fühlte mich nicht wie ein Teil von ihnen, war immer irgendwie anders.

Die wenigen Menschen, die noch Teil meines Lebens waren, hatten alle ihre eigenen Verpflichtungen. Während ich durch meine Ausbildung bereits im Berufsleben stand, machte eine Freundin ein Freiwilliges Soziales Jahr, eine andere Freundin ging für einige Monate nach Peru.

Nach außen hin hat man mir die Einsamkeit nicht angesehen. Doch innerlich war ich bereits in diesen jungen Jahren zerbrochen. Kontakt zu Gleichaltrigen hatte ich so gut wie gar nicht mehr. Die wenigen Menschen, die ich noch in meinem Leben hatte, habe ich nach und nach vergrault. Ich wurde immer egozentrischer, war der Meinung, dass sich die Erde nur um mich zu drehen hatte.

Meine Versuche, Freundschaften aufrecht zu halten oder gar erst aufzubauen, scheiterten. Einer nach dem Anderen.

Als ich in die Gemeinde gewechselt bin, in der ich als Kind schon war, war das am Anfang richtig toll. Ich wurde umgarnt und jubelnd begrüßt.
Ich schwebte im siebten Himmel. Endlich waren da Menschen, die sich um mich gesorgt haben, ich war kaum mehr alleine.
Und dann, als ich richtig angekommen war, meine feste Kleingruppe hatte und mir eine Seelsorgerin zugeteilt wurde, war der Sonderstatus schnell vorbei.
Das bisschen Selbstwertgefühl, das ich noch hatte, wurde mit Füßen getreten und jede noch so kleine Nachfrage zu den Bibelthemen, die im Hauskreis besprochen oder sonntags gepredigt wurden, wurde als Rebellion gewertet.
Als ich dann noch erfahren habe, dass das, was ich in der Seelsorge im Vertrauen besprochen habe, in den Treffen der Gemeindeleitung offengelegt wurde, und somit ein großer Teil der Gemeinde über alles in Kenntnis gesetzt war, was ich jemals in der Seelsorge ausgesprochen hatte, war der letzte Rest Vertrauen verschwunden.
Ich fühlte mich entblößt, wusste nicht, wem ich noch vertrauen konnte und wem nicht. Meine Seelsorgerin und mein Kleingruppenleiter haben mich auf Dinge angesprochen, die niemand wissen konnte, der mich nicht verfolgt hatte. Somit war klar, dass überall Menschen waren, die mir nach spioniert haben.

Ich habe mich immer öfter gefragt, warum Gott so etwas zulässt, wo es doch seine Gemeinde war. Eine christliche Kirche, in der sich Sonntag für Sonntag Menschen versammelten, bei denen man auf den ersten Blick hin gedacht hat, dass sie ein Leben nach Gottes Plan leben.

Für viele Menschen ist das etwas, was sie nicht nachvollziehen können. Und auch ich habe lange, sehr lange, gebraucht, bis ich verstanden habe, warum.

Warum lässt Gott Situationen zu, in denen wir so sehr verletzt werden, dass Narben bleiben? Warum müssen manche Menschen durch so extrem schwierige Situationen in ihrem Leben hindurch und andere haben ein vermeintlich lockeres Leben, in dem alles glatt läuft? Was ist der Grund dafür, dass die eine Mutter um das Leben ihres neugeborenen Kindes bangt, während andere sich nicht im Geringsten für ihr Kind interessieren?

Diese Fragen enthalten einen entscheidenden Fehler.
Denn die Frage nach dem Grund gehört anders gestellt:

„**Wozu** lässt Gott Situationen zu, in denen wir so sehr verletzt werden, dass Narben bleiben?"

Mein Mann und ich leiten seit 2 Jahren eine kleine Hauskreisgruppe, die regelmäßig bei uns zu Hause stattfindet. Und auch dort haben wir uns die Frage nach dem WARUM gestellt. Da wir alle neugierig darauf waren, was die Bibel zu diesem Thema sagt, hatten wir entschlossen, das Buch Hiob anzugehen und herauszuarbeiten, warum Gott solche Situationen zulässt.

Hiob ist ein viel und sehr gerne zitiertes Buch der Bibel, wenn es darum geht, warum Gott zulässt, dass uns Menschen schlimme Dinge widerfahren. Ich finde Hiob unheimlich inspirierend. Er hat einen Glauben, den auf den ersten Blick nichts und niemand erschüttern kann.

Während dieser Wochen, in denen wir uns verstärkt diesem Thema gewidmet haben, habe ich begonnen, ganz langsam zu verstehen, dass meine Vergangenheit einen Zweck erfüllen sollte. Genau wie bei Hiob.

Schauen wir uns den Hiob noch einmal etwas näher an.

Wer war Hiob? Hiob war ein sehr gottesfürchtiger Mann. In den Versen 1-5 von Kapitel 1 bezeichnet Gott Hiob als „vollkommen, rechtschaffen und gottesfürchtig und das Böse meidend"

Hiob hatte eine tolle Familie, drei Söhne, die mit wundervollen Frauen verheiratet waren, eine große Dienerschaft, sehr viel Land und noch mehr Vieh. Hiob war extrem reich gesegnet.

Und dann kam der Teufel zu Gott und hat begonnen, sich mit ihm über die Gläubigen zu unterhalten.

Satan hat Zutritt zum Himmel und beobachtet die Gläubigen. Allerdings hat er keine Handlungsvollmacht. Er kann nur das tun, was Gott ihm erlaubt. Und genau an dieser Stelle wird es interessant. In Hiob Kapitel 1,8 macht Gott Satan auf Hiob aufmerksam. Er ist es, der die Initiative ergreift und dafür sorgt, dass Satan handeln und Hiob alles nehmen kann, was er hat.

Gott schaut nicht einfach dabei zu oder lässt das Handeln Satans geschehen. Wir Menschen sind nur der Meinung, dass Gott all die schrecklichen Dinge in unserem Leben zulässt.

Wenn Gott jetzt aber ja der Initiator ist und der Satan nur Mittel zum Zweck, dann ändert sich die Fragestellung ganz automatisch. Nicht „Warum lässt du das zu?", sondern vielmehr „Wozu soll mir diese Lektion dienen?". Was ist es, dass ich daraus lernen soll oder wozu benötigt Gott diese Narben auf meiner Seele? Was hat er damit vor?

Meine Vergangenheit aus diesem Blickwinkel gesehen ändert sehr vieles. Vor allem meine Einstellung zu den Personen, die mich so verletzt, misshandelt und verraten haben.

Denn genau genommen sind auch diese Personen lediglich Mittel zum Zweck.

Menschen, die dazu benutzt wurden, um mir Verletzungen zuzufügen.

Zum damaligen Zeitpunkt hätte ich vermutlich eher von „Schaden zufügen" gesprochen. Heute sehe ich diese Verletzungen nicht als Schaden an. Denn Gott kann aus allem was wir erleben, etwas Positives machen. Er lässt alles zum Guten wenden, wenn wir es zulassen, dass er an uns arbeitet.

Und das ist dann der im ersten Kapitel genannte Dünger, der aus der Scheiße, die ich erlebt habe, geworden ist.

Nichts wie raus hier!

Durch einen der wenigen guten Freunde, die ich noch hatte, war es mir im Herbst 2001 möglich, für drei Wochen nach Südafrika zu fliegen. Das war eine sehr lehrreiche und echt schöne Zeit, in der ich teilweise bei seinen Eltern zu Besuch war, an einer Konferenz teilnehmen konnte und völlig ungeplant einige Tage in Johannisburg bei einer Missionarsfamilie verbringen durfte. Diese Wochen waren sehr tiefgehend und haben mir die Möglichkeit gegeben, mich mit gleichaltrigen jungen Menschen zu unterhalten, die Teil einer geistlich gesunden Gemeinde waren. Gerade ausreichend, dass ich ein paar Monate später noch einmal nach Afrika geflogen bin. Nur eine Woche. Aber diese eine Woche war lange genug, um zu verstehen, dass es Zeit war, einem Teil meiner Vergangenheit den Rücken zu kehren.
Denn in Afrika war ich mit Menschen konfrontiert, die es wirklich ehrlich mit mir gemeint haben. Ich wurde in dieser kurzen Zeit ein Teil von ihnen und durfte lernen, dass das, was ich in Deutschland erlebt habe, nicht das war, was Gott für meine Zukunft vorgesehen hatte.

Der Weg, den ich dann eingeschlagen habe, war allerdings auch nicht das, was Gott für mich wollte. Ich hatte nach meinem Rückzug aus meiner damaligen Gemeinde versucht, noch einmal Halt zu finden, habe mich mit anderen Menschen zusammengetan, die ebenfalls dort ausgetreten sind. Wir hatten einen tollen Hauskreis, gute Gespräche und wollten uns nach einer kurzen Erholungspause gemeinsam einer anderen freien Gemeinde anschließen.

Zu diesem Schritt kam es bei mir jedoch nicht mehr. Mein Vertrauen war weg, meine Seele so verwundet, dass ich keine Kraft mehr hatte. Selbstmordgedanken haben sich wieder in mir ausgebreitet, ich war depressiv und wollte nur noch weg.

Meine Devise: „Wenn das Christen sind, dann brauche ich sie nicht!"

In meiner Verzweiflung habe ich versucht, Halt in einer Beziehung zu finden, die von vornherein zum Scheitern verurteilt war. Mein Freund war Drogenabhängig und starker Raucher. Von den Drogen habe ich die Finger gelassen, mein ohnehin schon starker Konsum an Zigaretten wurde jedoch noch stärker. Nach 7 Monaten wurde mir bewusst, dass das keine richtige Beziehung war. Ich habe einen Schlussstrich gezogen und war wieder alleine.

Kurz nach der Trennung lernte ich den nächsten Mann kennen und bin direkt umgezogen. Die Aussicht, 200 km von meiner alten Heimat entfernt zu sein, hat mir zumindest ein kleines bisschen dabei geholfen, das Gefühl zu bekommen, sicher zu sein und wieder Atmen zu können. Ich habe fast alle Kontakte abgebrochen, aus Angst, dass Mitglieder der alten Gemeinde herausbekommen, wo ich bin. Niemand durfte erfahren, wo ich war. Meine Eltern hatten absolute Schweigepflicht und von meinen alten Kontakten haben nur zwei Freundinnen gewusst, wo ich hingezogen bin. Für alle anderen war ich von heute auf morgen wie vom Erdboden verschluckt. Über viele Jahre wusste aus meinem alten Umfeld kaum jemand, wo ich lebte oder ob ich überhaupt noch am Leben war.

Ich habe damals oft überlegt, ob das der richtige Weg ist. Sicher hätte es auch andere Lösungen gegeben. Allerdings habe ich keine gesehen. Für mich war die Flucht nach vorne die einzige Lösung.

Mein Leben war bis zu meinem Umzug ein wahrer Horror geworden.

Nach dem Austritt aus der Gemeinde kamen Anrufe von Menschen, bei denen ich bis heute nicht weiß, wer das war. Ich habe nur gehört, wie jemand geatmet hat, eine Antwort auf meine Nachfragen, wer dort ist, kam nicht. Nachdem ich meine Telefonnummer dreimal gewechselt hatte, habe ich aufgegeben. Die Anrufe kamen weiter. Selbst die Geheimnummern haben nichts gebracht. Irgendwie haben die Personen, die daran beteiligt waren, meine Nummer jedes Mal herausbekommen.

Wenn ich jemanden aus der alten Gemeinde begegnet bin, wurde die Straßenseite gewechselt, Lügen wurden verbreitet. Ich fühlte mich ständig verfolgt, kam nie zur Ruhe. In der Versenkung zu verschwinden schien mir die einzige Chance zu sein, überhaupt jemals wieder Atmen zu können.

Bis ich den Versuch gestartet habe, wieder regelmäßig in eine christliche Gemeinde zu gehen, sind jedoch noch einige Jahre ins Land gegangen. Jahre, in denen ich meinen Körper mit Tabletten und Zigaretten schon so krank gemacht hatte, dass meine Leber bereits vergiftet war. Die Symptome waren jedoch eher untypisch und deshalb wurde ich auch falsch diagnostiziert. Die Diagnose Rheuma habe ich für mich angenommen und meinen Körper voller Zuversicht mit den Medikamenten vollgepumpt, die mir von den Ärzten verordnet wurden. Und meiner Leber extrem geschadet haben.

Erst als mich eine schwere Gallenkolik innerhalb von 2 Wochen zweimal ins Krankenhaus gebracht hat und mir die Ärztin erklärte, dass ich von Glück reden kann, noch nicht auf der Intensivstation zu liegen, wurde mir langsam bewusst, dass ich auf dem besten Weg war, meinem damals 5 Wochen alten Sohn die Mutter zu nehmen.

Und dann lag ich da. Im Krankenhaus, in meinem Bett. Da ich ein kleines Baby hatte, habe ich ein Einzelzimmer bekommen. So war ich nicht abgelenkt und konnte meinen Gedanken freien Lauf lassen. Was einerseits gut war, weil ich mich so mit niemandem darüber streiten musste, ob das Fenster nachts offen oder geschlossen war, hatte auch einen großen Nachteil: Ich war wieder alleine. Ok, nicht direkt Nachteil, denn die Einsamkeit im Zimmer hat mir die Möglichkeit gegeben, in Ruhe über mein Leben nachzudenken.

Da lag ich also, habe auf die Schwester gewartet, die mich zur OP abholen sollte, und habe vor mich hin sinniert.

Mein Sohn war bereits in der Obhut seines Opas, als mich plötzlich eine totale Panik ergriffen hat.

Und dann habe ich zum ersten Mal nach vielen Jahren wieder mit Gott gesprochen. Ich habe mich regelrecht verbal ausgekotzt. Ihm alles gesagt, was mich nervt. Was mir Angst macht und wie beschissen ich es finde, dass ich all den Mist der vorangegangenen Jahre mitmachen musste. Dass ich nirgendwo Halt finden konnte und total einsam war.

Niemals zuvor habe ich so ehrlich darüber gesprochen, was in mir vorgeht.

Als ich mit meinem verbalen Ausbruch fertig war, wurde ich langsam ruhiger. Ich habe die Stille im Zimmer genutzt, um Gott mein Leben noch einmal neu anzuvertrauen. Und dann, kaum war ich fertig, ging die Türe auf und ich wurde für die Operation abgeholt.

Die OP verlief gut, ich durfte schon 2 Tage später wieder nach Hause.

Mein Leben allerdings wurde nicht besser.

Während ich alles tat, um meinem Sohn die Liebe entgegenzubringen, die er verdient hatte, setzte mein Mann alles dran, mir das Leben immer schwerer zu machen.

Die darauf folgenden Jahre waren wieder geprägt von emotionalem Missbrauch und einer immer stärker werdenden Einsamkeit.

Wieder bin ich in der Spirale des Missbrauchs gelandet. Wieder wurde mein Leben davon beherrscht, nicht ich sein zu dürfen. Wieder habe ich in ständiger Angst gelebt.

Gesprochen habe ich darüber sehr lange nicht. Die Scham war viel zu groß.

Ich wollte nicht zugeben, dass ich mir das gefallen hab lassen. Wie schwer es allerdings für einen Menschen ist, aus einer missbräuchlichen Beziehung auszubrechen, habe ich erst viel später verstanden. Bis Menschen es schaffen, dem Missbrauch den Rücken zu kehren, vergehen meistens viele Jahre. Manche Menschen schaffen diesen Schritt, zu gehen, nie.

So ging es mir auch. Immer wieder habe ich mir eingeredet, dass ich selbst schuld daran bin. Dass es halt mal so ist, dass Männer ihre Frauen so herablassend behandeln.

Und dann haben sich die Situationen gehäuft, in denen mein Selbstwertgefühl immer wieder so sehr mit Füßen getreten wurde, dass ich mich gefühlt habe, wie ein Fußabtreter.

Ich wollte einfach nur noch Ruhe in meinem Leben. Mir wurde immer bewusster, dass sich etwas ändern musste. So, wie es war, konnte es nicht mehr weitergehen. Das war weder für mich gut noch für meinen Sohn.

Der Sonntag, an dem ich auf dem Heimweg vom Gottesdienst kurz davor war, mit dem Auto mit Vollgas gegen einen Baum zu fahren, ist mir noch gut in Erinnerung. Doch Gott hatte vorgesorgt. Mein Sohn war damals krank und so habe ich ihn bei seinem Vater gelassen. Und eben genau das hat mich davon abgehalten, meinem Leben ein Ende zu setzen. Denn ich wollte unter keinen Umständen riskieren, dass mein Sohn ohne mich aufwachsen musste.

Im Nachhinein habe ich mir oft die Frage gestellt, was der Grund dafür war, dass Gott diese erneute Missbrauchssituation zugelassen hat.

Hier kommt Hiob noch einmal ins Spiel. Hiob hatte ja nicht nur einmal alles verloren. In der ersten „Runde", in der Satan in Hiobs Leben gewütet hat, ging es nur darum, ihm alles zu nehmen. Gott hatte Satan die Vollmacht darüber gegeben, Hiobs Familie, sein Hab und Gut anzugreifen. Doch dann kam die zweite Runde. Hiob musste noch einmal durch schweres Leid. Diesmal war er selbst betroffen und wurde schwer krank.

Doch erst, als es ihn selbst erwischt hat, hat Hiob begonnen, umzudenken. Zunächst verfällt Hiob in eine Depression, beginnt seine Geburt zu verfluchen (Hiob 3:1ff). Er möchte nicht mehr leben und wünscht sich seinen Tod (V 13-19).

Hiob verliert später seine hohe gesellschaftliche Stellung, was ihn noch weiter nach unten zieht.

Erst sehr viel später, im Gespräch mit Gott, wird Hiob bewusst, dass es durchaus etwas gab, was er durch dieses ganze Leid lernen sollte. Hiob war untadelig, das wusste Gott. Doch Gott wollte sein Herz verändern. Und um das zu erreichen, musste Hiob zuerst vollständig brechen.

Das ist ein hartes Wort. Denn so gesehen steht meine Vergangenheit in einem völlig anderen Licht da. Ich war mir nur noch nicht im Klaren darüber, wo genau Gott die Veränderungen in meinem Leben wollte. Was war sein Ziel?

Zunächst musste ich jedoch erkennen, dass es so nicht weitergehen konnte. Es war an der Zeit, diesem Teil der Vergangenheit endgültig den Rücken zu kehren und bei meinem Mann auszuziehen. Und wieder war ich alleine. Wieder war die Einsamkeit das, was mein Leben geprägt hat.

Der Unterschied zu den Jahren vorher war allerdings, dass ich diesmal durch die Gemeinde, in die ich zu diesem Zeitpunkt gegangen bin, Menschen um mich hatte, die mir zur Seite gestanden sind. Denn auch, wenn ich mich kaum jemandem geöffnet habe, und mich immer mehr in meinem Schneckenhaus verkrochen hatte, diese Menschen waren da. Und sie haben mich im Gebet getragen und es geschafft, mir zumindest ein klein wenig das Gefühl zu geben, wertvoll zu sein.

Diese Sicherheit, zu wissen, dass ich eben nicht ganz alleine war, hat mir dabei geholfen, den Kopf nicht zu verlieren und mein Leben einigermaßen im Griff zu behalten.

Doch glücklich war ich nicht. Ganz im Gegenteil. Innerlich war ich zerfressen und ausgemerzt. Mein Leben ist an mir vorübergezogen, wie ein schlechter Film.

Ich habe mich immer weiter zurückgezogen. Zurück in mein Schneckenhaus, aus dem ich gekommen war. Zurück in die Einsamkeit. Der Schmerz, der sich in mir breitgemacht hatte, war so groß, dass ich immer stärkere körperliche Symptome bekam. Mein Bandscheibenvorfall meldete sich zurück und die Schmerzen wurden immer schlimmer. Ich litt an chronischen Kopfschmerzen, chronischer Müdigkeit und war zu kaum mehr etwas in der Lage. Zu diesem Zeitpunkt war mein Sohn noch nicht im Kindergarten, was meine Tage sehr beschwerlich gemacht hat.

Um mich abzulenken, war ich immer öfter im Internet und habe versucht, über soziale Netzwerke und Singlebörsen Menschen kennenzulernen.

Das Internet ist anonym. Und genau das hat mir in dieser Zeit sehr geholfen. Ich konnte mich hinter meinem PC verstecken, selbst entscheiden, welches Bild von mir zu sehen war und musste niemanden persönlich gegenübertreten. Ich konnte frei entscheiden, wem ich was erzählen wollte. Auch, wenn ich dabei immer bei der Wahrheit geblieben bin. Mir war es einfach wichtig, dass ich selbst steuern konnte, welches Bild sich andere Menschen von mir gemacht haben.

In einem dieser sozialen Netzwerke war auch Philipp. Und damit der Mann, der mir helfen sollte, aus meinem alten Leben auszubrechen und endlich Ruhe zu finden.

Denn genauso, wie Gott Menschen als Werkzeug nutzt, um uns zu brechen, werden in seinen Händen Menschen auch zum sanften Schleifwerkzeug, um wieder heilen zu können.

Leichter wurde mein Leben durch den neuen Mann an meiner Seite nicht.
Aber es war anders.
Der Zeitpunkt, zu dem ich Philipp kennengelernt habe, war genau genommen total unpassend. Ich war erst wenige Monate getrennt, noch nicht annähernd geschieden und so voller Angst, dass eine Beziehung eigentlich nicht funktionieren konnte.
Doch ich habe instinktiv gewusst, dass Philipp der Mann ist, mit dem ich alt werden würde.
Es hat so viel gegen eine Beziehung oder gar Heirat gesprochen. Wir waren beide aus einer zerbrochenen Ehe, beide sehr verletzlich und unheimlich egoistisch.
Und dann hat er auch noch genau da gelebt, wo ich nie wieder hin zurückwollte. Nur 50 km von meiner Heimatstadt entfernt. Also ein absolutes No Go.
Und doch war da eine so starke Anziehungskraft, die alles andere in den Schatten gestellt hat.

„Des Menschen Herz erdenkt sich seinen Weg. Der Herr aber lenkt seinen Schritt."

Dieser Bibelvers hat wie die Faust aufs Auge gepasst. Ich war absolut sicher, dass ich niemals wieder zurück nach Franken gehen würde. Und ich war mir ebenfalls absolut sicher, dass ich niemals einen Mann heiraten würde, der von dort kam. Bis ich Philipp kennengelernt habe.

Innerhalb weniger Tage wurden meine ganzen Pläne und Überzeugungen über den Haufen geworfen. Allerdings habe ich das damals noch nicht gewusst. Ich war davon überzeugt, dass Philipp dann eben zu mir musste, wenn er mit mir zusammen sein wollte. Anders war eine Beziehung für mich undenkbar.

Gesagt getan. Philipp war verrückt genug, ein paar Monate später tatsächlich in meine Nähe zu ziehen. Und dass, obwohl ich ihm in der Zwischenzeit schon mal sehr deutlich zu verstehen gegeben hatte, dass sich einiges ändern musste, wenn diese Beziehung funktionieren sollte. Doch er war hartnäckig und ist zu mir gekommen.

Und so hat es für mich erst einmal keinen Grund mehr gegeben, über eine Rückkehr in die Heimat nachzudenken. Philipp war bereit, mir überall hin zu folgen. Und ich war bereit, ihn überall mit hinzunehmen.

Doch instinktiv war mir bewusst, dass meine Zeit in Oberbayern ablief. Gott hatte damit begonnen, mich darauf vorzubereiten, dass er mich wieder zurückbringen würde. Dorthin, wo alles begonnen hat.

Wenn ich jetzt an die Anfangszeit zurückdenke, dann wird das Wirken Gottes durchaus sehr deutlich. Aus dem Blickwinkel Gottes betrachtet, hätte der Zeitpunkt, an dem Philipp in mein Leben getreten ist, gar nicht besser sein können.

Ich war kurz davor, in eine Depression zu rutschen, der Burn-out hatte sich bereits angekündigt. Mein Sohn war noch sehr klein und somit noch offen für einen neuen Menschen in unserem Leben. Noch habe ich durchgehalten, viel hat aber zum totalen Zusammenbruch nicht mehr gefehlt.

Aus der Gemeinde, in der ich zu diesem Zeitpunkt war, hatte ich mich schon in kleinen Schritten zurückgezogen und war auf dem besten Weg, mich noch tiefer in meinem Schneckenhaus zu verstecken, als ich es ohnehin tat.

Wäre Philipp zu diesem Zeitpunkt nicht in mein Leben getreten, hätte ich mich wieder vollständig von Gott entfernt.

Doch Gott hat dafür gesorgt, dass jemand an meiner Seite war, als ich in Berlin in der Charité stand und mein Körper einfach zusammensackt ist, als ich auf Anweisung des Arztes meine Augen geschlossen habe. Diagnose: Burn-out! Totale Überforderung. Nichts ging mehr. Alles andere, was infrage hätte kommen können, war bereits ausgeschlossen. Ich musste im Vorfeld mehrfach ins MRT, um von Kopf und der gesamten Wirbelsäule Aufnahmen zu haben. Mein Blutbild zeigte nichts, was sich nicht erklären hätte lassen. Nur die Leberwerte, die waren viel zu hoch. Aber da stand ja die Diagnose „Rheumatoide Arthritis" im Raum. Also wurden diese Werte ignoriert.

Und dann kam vom Arzt die Ansage: „Strecken Sie mal die Arme aus und schließen Sie die Augen". Hätte der Arzt mich nicht aufgefangen, wäre ich zusammengesackt, wie ein leerer Kartoffelsack. Mein Körper hatte seinen Dienst versagt.

Und Philipp war einfach da. Hat mich gestützt, mich versorgt, mein Kind als seines angenommen. Durch ihn hat Gott mir jeden Tag aufs Neue gezeigt, dass er mich nicht vergessen hat und alles tun wird, um mich aus meinem Bau zu locken.

Wenn Angst dein Leben beherrscht...

Vor etwas Angst zu haben, ist menschlich. Viele Menschen haben vereinzelt Situationen in ihrem Leben, in denen die Angst in ihnen hochkommt und ihre Gedanken beherrscht.

Angst, den Job zu verlieren. Angst, unheilbar krank zu werden. Angst, einen geliebten Menschen zu verlieren oder die Angst vor den süßen kleinen achtbeinigen Tierchen, auch Spinnen genannt.

Angst gehört dazu und schützt uns vor Gefahren.

Wenn wir Angst haben über eine stark befahrene Straße zu gehen, bewahrt uns diese Angst davor, von einem Auto erfasst und vielleicht sogar getötet zu werden.

Doch manchmal manifestiert sich die Angst so sehr in unserem Leben, dass wir kaum mehr an etwas anderes denken können, als an diese Angst.

In meinem Leben war Angst über 3 Jahrzehnte lang ein zentrales Thema. Vor allem die Angst vor dem Verlust eines geliebten Menschen hat mich schon als kleines Kind begleitet. Allem voran stand die Angst, ohne Eltern dazustehen. Alleine gelassen zu werden und niemanden zu haben, der sich um mich kümmert.

In meiner späten Kindheit habe ich mir „Ersatzmütter" gesucht, falls meiner Mutter irgendetwas zustoßen sollte.

Später, als Teenie, hatte ich Angst vor Ablehnung. Angst davor, keine Freunde zu haben, nicht geliebt zu werden.

Diese Angst vor Ablehnung und die extreme Verlustangst haben mein Leben so sehr beherrscht, dass ich als Teenager total egozentrisch wurde und mich an jeden geklammert habe, der sich nur annähernd in meine Nähe getraut hat.

Es gab immer wieder Menschen in meinem Leben, die es für eine Zeit mit mir ausgehalten haben und sich dann irgendwann mit den Worten „Sorry, aber das pack ich nicht mehr" aus meinem Leben verabschiedet haben.

Woher diese extreme Verlustangst gekommen ist, habe ich nie wirklich herausbekommen. Der Verdacht, dass dies mit der Trennung von meiner leiblichen Mutter zusammenhängt, ist nahe liegend. Ich bin überzeugt davon, dass diese Ablehnung, die ich schon während der Schwangerschaft über mich ergehen lassen musste, mit dazu geführt hat, dass ich so viele Jahre gebraucht habe, um diese Verlustangst und meine Minderwertigkeitskomplexe zu überwinden.

Wenn ich mich heute mit dem Thema Angst beschäftige, dann weniger wegen meinen eigenen Ängsten. An manchen Tagen kommt die Angst vor Ablehnung wieder in mir hoch. Doch dann halte ich mir ganz bewusst vor Augen, dass Gott nicht möchte, dass unser Leben von Angst beherrscht wird.

Wenn ich mich heute damit beschäftige, dann sind die Gedanken an die Angst bei Weitem nicht mehr so schlimm, wie noch vor wenigen Jahren.

Ich finde es echt erstaunlich, beziehungsweise erschreckend, wie viele Menschen mit Ängsten zu kämpfen haben.

Im deutschen Ärzteblatt habe ich Folgendes gefunden:

„Angststörungen sind die häufigsten psychischen Erkrankungen. Frauen erkranken deutlich häufiger als Männer. Spezifische Phobien sind mit einer 12-Monatsprävalenz von 10,3 % am häufigsten; die betroffenen Patienten nehmen aber selten eine Behandlung in Anspruch. In der Häufigkeit folgen die Panikstörung/Agoraphobie mit 6,0 %, die soziale Phobie mit 2,7 % und die generalisierte Angststörung mit 2,2 %. Angststörungen haben in den letzten Jahren und Jahrzehnten in ihrer Häufigkeit nicht zugenommen. Sie treten häufig komorbid mit weiteren Angsterkrankungen, Depressionen, somatoformen Störungen und Suchterkrankungen auf."

Quelle: https://www.aerzteblatt.de/archiv/160932/Diagnostik-und-Therapieempfehlungen-bei-Angststoerungen

Der Artikel zeigt, wie häufig Ängste vorkommen. Und für uns Christen zeigt es, wie sehr der Feind versucht, unser Leben aus den Fugen geraten zu lassen, in dem er Ängste in unsere Gedanken pflanzt.

Dabei möchte Gott nicht, dass wir ein Leben in Angst führen. Er hat für uns ein Leben in Frieden vorbereitet.

Im 2.Timotheus 1:7 steht: *Denn Gott hat uns nicht einen Geist der Furchtsamkeit gegeben, sondern der Kraft, und der Liebe, und der Besonnenheit. (ELB, 1905)*

Gott hat für uns ein Leben voller Freude und Liebe vorgesehen.
Nicht voller Furcht.

Allerdings ist die Furcht etwas, was der Feind extrem ausnutzt.
Hier kann er uns manipulieren und unser ganzes Leben steuern.
Wenn wir jedoch lernen, diese Angst abzulegen und auf Gott zu
vertrauen, hat der Feind das Nachsehen.

Als meine Panikattacken immer schlimmer wurden, kamen
körperliche Symptome hinzu.

Migräne und chronische Bauchschmerzen hatte ich schon als
Kind. Zum Schmerzpatienten wegen chronischer
Rückenschmerzen wurde ich mit 12 Jahren. Als ich 18 war, hatte
ich das erste Magengeschwür und mit 19 brachte mich ein
Asthmaanfall ins Krankenhaus.

Die Ärztin, zu der mich eine Freundin später brachte, erklärte
mir, dass der Asthmaanfall rein psychisch bedingt war und
irgendetwas in meinem Leben so massiv Besitz von mir nahm,
dass es mir im wahrsten Sinne des Wortes die Luft zum Atmen
raubte. Was das jedoch war, habe ich erst viele Jahre später
herausbekommen. Bis heute kämpfe ich schnell mit Atemnot,
wenn mir etwas Angst macht. Allerdings ist es bei Weitem nicht
mehr so schlimm und heute weiß ich, dass ich hochkommende
Angst meinem Papa im Himmel anvertrauen kann.

Doch auch später ist die Angst wieder ein zentrales Thema in
meinem Leben geworden. Als ich meiner Heimat schon längst

den Rücken gekehrt hatte, kam sie zurück. Diesmal in anderer Form.

Die Angst vor Ablehnung, die Angst nicht für „voll" genommen zu werden, hat sich immer mehr in mir manifestiert.

Aber: Gott war da. Die ganze Zeit. Und er hat dafür gesorgt, dass ich lernen konnte, meine Ängste abzugeben und ein angstfreies Leben zu leben.

Wie ich schon häufiger, auch in dem Buch „Die Suche nach der Supermama" erwähnt habe, war die erste Zeit mit Philipp alles andere als einfach, weil ich meine Vergangenheit nicht so einfach loslassen konnte und Philipp auch sein Päckchen mit in die Beziehung gebracht hat.

Aber: So schwierig es auch war, den richtigen Weg zu finden und nicht zuzulassen, dass die Verletzungen unserer Vergangenheit unsere Ehe bestimmten, eines lässt Philipp mich bis heute jeden einzelnen Tag spüren: Wie sehr er mich liebt.

Ich war über Jahrzehnte hinweg Ablehnung ausgesetzt, war Opfer von Mobbing, Anfeindungen und Missbrauch. Häufig nur, weil ich mich nicht der breiten Masse untergeordnet hab, sondern meinen Überzeugungen und meinen Werten gefolgt bin.

So etwas hinterlässt Spuren in einem Menschen, das macht was mit einem. Ständig abgelehnt zu werden macht einsam und verletzlich. Man macht sich Gedanken darüber, ob die Werte, die man verfolgt und lebt, die richtigen Werte sind. Oder ob vielleicht doch die anderen recht haben. Ich habe über Suizid nachgedacht und nicht nur einmal versucht, meinem Leben ein Ende zu setzen.

Ich habe mich oft gefragt, ob ich nicht lieber auf meine Werte verzichte und dafür nicht mehr dieser starken Ablehnung ausgesetzt bin. Für ein paar Jahre habe ich das auch ausprobiert und bin, wie zu erwarten war, an den Folgen der Ablehnung und des Missbrauchs durch die Personen, die dann gekommen sind, fast endgültig zerbrochen. Am wenigsten bin ich damit klargekommen, nicht ich selbst sein zu können. Um anderen Menschen „zu gefallen" und angenommen zu werden, habe ich mich derart verstellt, dass ich nur noch eine Maske war. Ich habe mich so sehr mit meiner Rolle identifiziert, dass ich völlig vergessen hatte, wer ich wirklich war.

Wenn wir aber nicht wir selbst sein können, immer versuchen, den anderen Menschen alles recht zu machen, verlieren wir uns irgendwann komplett aus den eigenen Augen.
Ich hab´ dass über viele Jahre hinweg gemacht. Und war fast 20 Jahre lang nicht die Person, die sich Gott gedacht hatte.

Stell dir einmal vor, du hast ein wunderschönes Kleidungsstück. Ein hübsches Kleid, eine tolle Bluse oder eine Jeans, die du besonders liebst.
Und dann kommt jemand und würde es toll finden, wenn deine Jeans Farbflecken hat. Du möchtest dieser Person gefallen, also

nimmst du einen Stift und malst Farbflecken auf die Jeans. Die nächste Person, die in dein Leben kommt, bittet dich darum, ein Hosenbein zu kürzen. Da du auch dieser Person gefallen möchtest, kürzt du dieses eine Hosenbein. Und die dritte Person wünscht sich von deiner Bluse, dass sie einen anderen Ausschnitt hat, also veränderst du den Ausschnitt.

Die Menschen in deinem Leben merken schnell, wie leicht du dich manipulieren lässt und irgendwann sieht deine Kleidung nach allem Möglichen aus, nur nicht mehr nach dem, was sie ursprünglich war. Während an der einen Stelle etwas fehlt, ist woanders etwas wieder angenäht. Ständig färbst du deine Hose neu ein, um wieder jemand anderen zu gefallen. Und irgendwann ist deine Hose vor lauter Farbe nur noch ein braunes unschönes Stück und an den unterschiedlichen Stellen abgeändert.

Genauso ist das mit deiner Seele, deinem Charakter und deinem Herz, wenn du immer nur versuchst, es den anderen recht zu machen. Überleg dir mal, wie viele Menschen in deinem Leben sind, von denen jeder etwas anderes an dir herumzumäkeln hat. Und du versuchst, es jedem irgendwie recht zu machen.

Das kann nicht funktionieren. Das geht zwangsläufig irgendwann schief. Irgendwann bist du nur noch wie ein immer wieder geflicktes und abgeändertes Kleidungsstück, bei dem man nicht mehr erkennen kann, wie schön es einst ausgesehen hat.

Als ich meinen Mann kennengelernt habe, wusste ich selbst nicht mehr, wer ich eigentlich war.

Ich hatte keine Werte mehr, kein Selbstwertgefühl und kein Vertrauen in mich und meine Fähigkeiten. Ich war fest davon überzeugt, dass ich zu nichts fähig war. Und vor allem davon, dass ich es nicht wert war, geliebt zu werden.

Doch irgendwie hatte Philipp es damals geschafft, hinter diesem zerrissenen Leben die Frau zu erkennen, die Gott sich einst gedacht hatte, als er mich schuf.

Ich hatte einen langen Heilungsweg vor mir. Und die Liebe meines Mannes hat mich durch diese schwere Zeit der Heilung hindurch getragen.

Wir hatten Phasen in unserer Beziehung, in der meine Angst vor einem erneuten Scheitern so groß war, dass ich im ersten Jahr unserer Beziehung Philipp zweimal erklärt habe, dass die Beziehung nicht funktionieren würde.

Sicher lag das nicht nur an meiner Angst. Philipp war, wie auch schon erwähnt, ebenfalls ziemlich egoistisch und musste lernen, sich auf Mittelwege einzulassen und nicht nur an sich zu denken.

Allerdings hat Philipp immer zu mir gehalten. Egal wie sehr ich ihn mit meinem Verhalten verletzt hatte, er war trotzdem da.

Als ich ihn zum zweiten Mal erklärt hatte, dass das so nicht funktioniert, gab es für ihn eigentlich keinerlei Aussicht mehr auf eine Zukunft mit mir.

Ich hatte keine Kraft mehr für eine Beziehung, in der ich ständig kämpfen musste, damit sie funktioniert und habe plötzlich, ohne jegliche Vorwarnung, einen Schlussstrich gezogen.

Philipp war kurz zuvor erst nach Oberbayern gezogen, um näher bei mir sein zu können. Seine Wohnung war nur eine Ortschaft weiter, wenige Kilometer von mir entfernt. Er hatte seine Katzen abgegeben, weil er ihnen keinen weiteren Umzug mehr zumuten wollte und sein Leben, so wie es war bevor ich in sein Leben getreten bin, hinter sich gelassen.

Eigentlich hätte er jeden nur erdenklichen Grund gehabt, wütend zu sein, seine Wohnung zu kündigen und zurück in seine Heimat zu gehen.

Aber er hatte sich entschieden zu bleiben wo er war.

Was genau der Grund für diese Entscheidung war, kann er bis heute nicht erklären. Zurückgehen war für ihn schlichtweg keine Option.

Ich bin jedoch davon überzeugt, dass hier Gott seine Finger im Spiel hatte und dafür gesorgt hat, dass Philipp in meiner Nähe geblieben ist. Denn wenn er zurückgegangen wäre, hätte es keine Chance mehr auf eine gemeinsame Zukunft gegeben.

Und dann ist etwas passiert, womit ich niemals gerechnet hatte. Der Bandscheibenvorfall war zwischenzeitlich so schlimm geworden, dass ich operiert werden musste. Durch die defekte Bandscheibe war ein Nerv so stark beschädigt, dass ich zum Zeitpunkt der OP bereits halbseitig gelähmt war – drohender

Wurzeltot. Mein Sohn war 3,5 Jahre alt und ich konnte kaum gehen, von Autofahren ganz zu schweigen.

Einkaufen war nur mit Hilfe möglich, weil ich den Einkauf nicht in den zweiten Stock tragen konnte.

Ich hab zwar immer wieder das Lied „Das bisschen Haushalt macht sich von allein, sagt mein Mann!" geträllert, aber irgendwie hat das bei mir nicht funktioniert.

Die Lähmungserscheinungen waren zwar nach der Operation zurückgegangen, die Folgen davon allerdings noch deutlich zu spüren. Das Gefühl in der rechten Hand war noch nicht wieder vollständig da, Hitze und Kälte konnte ich häufig nicht spüren. Da ich die gleichen Einschränkungen auch noch im Mund hatte, bestand immer die Gefahr, mir den Mund zu verbrennen oder die Hand zu verletzen, ohne es zu merken. Ich war von früh bis spät auf die Hilfe von anderen Menschen angewiesen.

Und da kam Philipp ins Spiel.

Obwohl ich ihm die Beziehung gekündigt hatte, stand er JEDEN Tag vor meiner Türe. Tag für Tag, Woche für Woche.

Je nachdem, wie er arbeiten musste, holte er meinen Sohn entweder in der Früh ab, um ihn in den Kindergarten zu bringen, oder er brachte ihn mir am Nachmittag nach Hause.

Philipp hat nicht nur eingekauft, sondern auch gekocht und meine Wohnung geputzt.

Er war jeden einzelnen Tag da. Ohne jegliche Hintergedanken, ohne Hoffnung, dass er mich zurückbekommen konnte. Völlig selbstlos hat er meinen Sohn und mich so lange versorgt, bis ich wieder so weit genesen war, dass ich mich selbst um uns kümmern konnte. Und das hat mehrere Monate gedauert.

Als ich ihn einmal gefragt habe, warum er das macht, sagte er nur achselzuckend: „Weil du Hilfe brauchst!"

Das war das erste Mal in meinem Leben, dass ich so eine starke Liebe spüren durfte. Und diese Liebe hat meine Angst vor Ablehnung immer stärker in den Schatten gestellt.

Bis ich 11 Monate nach meiner Operation schließlich voller Überzeugung „Ja, ich will" zu dem Mann gesagt habe, der mein Leben so sehr verändert hat.

... und Liebe dich verändert!

„Die Liebe ist langmütig, ist gütig; die Liebe neidet nicht; die Liebe tut nicht groß, sie bläht sich nicht auf, sie gebärdet sich nicht unanständig, sie sucht nicht das Ihrige, sie lässt sich nicht erbittern, sie rechnet Böses nicht zu, sie freut sich nicht über die Ungerechtigkeit, sondern sie freut sich mit der Wahrheit. Sie erträgt alles, sie glaubt alles, sie hofft alles, sie erduldet alles."
1.Korinther 13:4-7

Die Angst war mit der Hochzeit nicht völlig verschwunden. Aber sie war so weit verblasst, dass ich gut damit leben konnte.
Sie bestimmte mein Leben nicht mehr und alleine das war sehr viel wert.

Wenn wir geliebt werden und diese Liebe auch spüren dürfen, dann verändert diese Liebe unser ganzes Leben.
Menschen, die sich geliebt wissen, haben eine ganz andere Ausstrahlung. Einem Menschen, der sich geliebt weiß, sieht man das an.

Nehmen wir noch einmal unser Kleidungsstück zur Hand. Du erinnerst dich noch? Überall sind Risse, Flicken, genähte Stellen, abgeschnittene Beine oder ein veränderter Ausschnitt. Nichts ist mehr so, wie es ursprünglich war. Jetzt ist das aber das Einzige, was du zum Anziehen hast. Also bleibt dir nichts anderes übrig, als mit diesen völlig verunstalteten Klamotten herumzulaufen.

Da du vergessen hast, wie diese Kleidung einst ausgesehen hat, bist du auch nicht in der Lage, sie wieder herzustellen.

Du bist völlig am Ende, traurig über den Verlust und traust dich nicht mehr unter Menschen. Schämst dich dafür, dass deine Sachen so zerschlissen sind.

Und dann, völlig unerwartet, steht der Designer dieser Kleidung vor deiner Türe und bietet dir an, deine Klamotten zu reparieren und so umzugestalten, dass sie wieder schön aussehen.

Das Ergebnis kann sich sehen lassen. Der Ausschnitt der Bluse passt zu dir, die Hose hat wieder zwei Beine und aus den Flecken wurden liebevolle Herzen gemacht.

Die Spuren der Vergangenheit sind darauf zu sehen, ohne Zweifel. Die lassen sich nicht vollständig entfernen. Das Ergebnis allerdings ist viel wertvoller. Denn die liebevoll umgestaltete Hose ist nun ein absolutes Unikat und somit um ein Vielfaches wertvoller als zum Zeitpunkt ihrer Entstehung.

Genauso ist das mit unserem Leben.

Die Narben der Vergangenheit werden nicht völlig verschwinden. Wir müssen lernen, sie anzunehmen und als Teil von uns zu akzeptieren.

Lassen wir es aber zu, dass Gott sich darum kümmert und diese Wunden versorgt, wird unser Leben extrem wertvoll.

Auch diese Veränderungen können schmerzhaft sein. Ohne Zweifel.

Manchmal müssen wir durch eine schwere Schule, bis wir es zulassen können, dass Gott die Wunden heilt.

Das geht nicht von heute auf morgen. Der Heilungsweg ist lange. Manchmal sehr lange.

Ich habe viel Geduld gebraucht und mehrere Anläufe, bis ich es geschafft habe, zuzulassen, dass Gott nachhaltig an mir arbeiten konnte. Und er ist noch lange nicht fertig damit. Einen Menschen zu formen dauert viele Jahre.

Die großen Männer und Frauen der Bibel waren allesamt nicht von heute auf morgen einfach für den Dienst, den Gott für sie vorgesehen hatte, bereit.

Zum Beispiel David. David wurde bereits als Teenager von Gott dazu berufen, eines Tages ein sehr einflussreicher König zu sein. Im zarten Alter eines Teenagers wurde er zum König gesalbt. Bis er allerdings in seinen Dienst eintrat, sind viele Jahre vergangen.

Oder Mose. Gott hat dafür gesorgt, dass Mose als Baby nicht sterben musste. Statt umgebracht zu werden, wie alle anderen Erstgeborenen des Volkes Israel, durfte Mose sogar im Hause des Pharaos aufwachsen. In den ersten Jahren konnte ihn seine Mutter aufziehen, weil niemand, außer den Eltern und Moses Geschwister wusste, wer er wirklich war.

Bis Mose allerdings in seinen von Gott vorgesehenen Dienst eintrat, war er bereits über 40, hatte einen Menschen umgebracht und war in die Wüste geflohen.

Wie wir anhand dieser Beispiele sehen können, bereitet Gott die Menschen langsam, aber gründlich auf ihren Dienst im Reich Gottes vor. Und nicht wenige der großen Menschen in der Bibel mussten über viele Jahre durch eine schwere Schule gehen, um für den Dienst im Reich Gottes vorbereitet zu sein. Und selbst dann waren sie noch lange nicht fertig geschliffen.

Wenn ich das auf mein Leben anwende, dann kann ich hier auch Gottes Wirken sehen. Klar und deutlich.

Nach vielen Anläufen, in verschiedenen Gemeinden, wieder in einer christlichen Gemeinde Halt zu finden, hab ich mich vergangenes Jahr dazu entschieden, der Heimatgemeinde meines Mannes eine Chance zu geben.
Zu diesem Zeitpunkt haben wir schon 3 Jahre hier gelebt. Und ich hatte mich bis dato erfolgreich dagegen gewehrt, dass wir uns auch in der Gemeinde hier vor Ort niederlassen.
Die Spannung in mir wurde aber immer größer. Der Wunsch, endlich wieder zu einer Gemeinschaft von Menschen dazuzugehören, Teil einer Gemeinschaft zu sein, ist immer stärker gewachsen.
Instinktiv habe ich allerdings auch gewusst, dass ich es ohne Hilfe nicht schaffen würde. Dafür war mein Vertrauen viel zu schwach. Eines Tages, das muss so um Pfingsten gewesen sein, habe ich im Internet etwas gesucht. Ich habe mich gezielt auf die Suche nach Informationen zum Thema „geistlicher Missbrauch"

gemacht. Und dabei bin ich auf eine Frau gestoßen, die ihre Geschichte im Internet veröffentlicht hatte. Ich habe sie angeschrieben, ihr meine Geschichte erzählt. Wollte wissen, ob sie mir vielleicht irgendwie helfen kann.

Und das konnte sie. Sie hat meine E-Mails gelesen, mir geantwortet und mich dazu ermutigt, in die Offensive zu gehen. Über das Thema zu reden. Sie hat mir damals gesagt, dass wenn ich jemals wieder unter Christen Fuß fassen möchte, ich in dieser Gemeinde offen über meine Vergangenheit reden sollte. Sonst wird das nichts.

Leicht gefallen ist mir das nicht. Absolut nicht.

Nach einigen Gesprächen mit meinem Mann habe ich dann den Pastor dieser Gemeinde angeschrieben und ihm um ein Gespräch gebeten. Er hatte den Hilfeschrei in meiner E-Mail sofort erkannt und sich direkt nach seinem Urlaub Zeit für mich genommen. Da war es bereits Ende August. An diesem Abend habe ich mich zum ersten Mal nach diesen vielen Jahren verstanden gefühlt. Da war jemand, der mir geglaubt hat, jemand, der mir helfen wollte. Und auch er hat mir dazu geraten, der Gemeinde offensiv zu begegnen und sie zumindest zu einem kleinen Teil an meiner Vergangenheit teilhaben zu lassen.

Bis ich den endgültigen Schritt gegangen bin und mich geöffnet habe, sind noch einige Wochen vergangen. Ich war innerlich so zerrissen, dass ich mich nicht entscheiden konnte (oder wollte) welchen Weg ich gehen soll. Und das heißt was, denn eigentlich bin ich eher zu voreilig. Ich überlege nicht lange, treffe einfach eine Entscheidung und teste aus, ob ich auf dem richtigen Weg bin. Doch diesmal war es anders. Es war schon Ende September, als ich zum Mikrofon gegangen bin. Das war irre schwer. Mein Herz hat gepocht, ich hatte vermutlich einen hochroten Kopf und habe gewaltig mit den Tränen gekämpft.

Aber: Ich habe durchgehalten und die Gemeinde eingeweiht. Ihnen in wenigen Worten erzählt, wo ich herkomme und sie gebeten, mir zu helfen. Ich wollte wieder lernen zu Vertrauen. Diesmal wollte ich es schaffen.

Dadurch, dass ich es geschafft habe, mich zu öffnen und die Menschen um mich herum einzuweihen, wurde vieles leichter. Nicht unbedingt einfacher, aber leichter.

Das Leben ist dadurch nicht anders. Aber ich durfte lernen, was es bedeutet, wirklich geliebt zu sein.

Der Unterschied zwischen einfach und leicht ist schnell erklärt: Ich habe immer noch Hürden zu meistern und Berge zu bezwingen. Aber ich bin dabei nicht mehr alleine! Und das macht mir das häufig nicht einfache Leben ein ganzes Stückchen leichter.

Die Menschen sind mir offen begegnet, haben sich für meine Offenheit bedankt und mich in der Gemeinde aufgenommen.

Und dann konnte Gott damit beginnen, endlich an mir zu arbeiten.

Die Monate darauf waren teilweise echt übel. Mein Sohn wurde krank und musste für einige Zeit ins Krankenhaus. Dann wurde mein Mann krank. Er hat immer stärkere Probleme mit seinem Asthma bekommen. Seine Lungenfunktion war trotz Medikamente nur noch bei 49 %. Am 1. Januar ist meine leibliche Mutter mit einem Schlaganfall ins Krankenhaus eingeliefert worden und ich konnte nicht zu ihr, weil wir uns den Flug in die USA nicht leisten konnten. Vier Wochen später, während wir auf die Untersuchung meines Mannes zum Ausschluss einer Lungenembolie gewartet haben, ist mein Onkel an Lungen- und Herzversagen gestorben. Als es meinem Mann endlich besser ging, war ich innerhalb weniger Wochen mehrfach mit unserem Sohn in der Notaufnahme, weil er häufig gestürzt ist und ständig Verletzungen hatten, die eine sofortige Behandlung nötig hatten. Platzwunden, Sehnenzerrungen etc. Im Prinzip typische Verletzungen eines Teenagers, der viel in Bewegung ist. Aber es ist anstrengend. Vor allem, wenn es sich innerhalb so kurzer Zeit so stark häuft.

Nach einigen Wochen Pause ging es bei meinem Mann mit einer Nierenbeckenentzündung weiter. Und in der Zwischenzeit bin ich dann irgendwann fast kollabiert. Ich konnte nicht mehr.

Die Geschichte hierzu lest ihr im ersten Teil „Die Suche nach der Supermama".

So schwer wie diese Monate auch waren, Gott hat in dieser Zeit gewaltig an mir gearbeitet. Ich durfte nicht nur lernen, aus meiner Komfortzone herauszutreten. Vielmehr durfte ich erleben, wie sehr Liebe einen verändern kann. Und was es bedeutet, Menschen, um sich zu haben, die für einen da sind. Eine Gemeinschaft, in der die Leute zusammenhalten. Sich so nehmen, wie sie sind.

Ich habe mich in diesem ersten Jahr in dieser Gemeinde innerlich sehr stark verändert. Meine ganze Denkweise hat sich geändert. Ich bin immer noch ich. Ich bin immer noch die Melanie. Mit meinen Ecken und Kanten. Und definitiv darf an mir noch viel geschliffen werden.
Doch durch den Rückhalt, den mir meine Gemeinde, meine Familie und meine Freunde bieten, habe ich es geschafft, aus meinem Schneckenhaus herauszukommen und mich wieder zu zeigen.
Die Veränderung war nicht immer ganz einfach. In diesen ganzen Monaten bin ich durch viele Höhen und Tiefen gegangen. Es gab Tage, da war ich super gelaunt und extrem selbstbewusst. Und dann waren Tage darunter, an denen ich im Wohnzimmer stand und meinem Mann heulend erklärt habe, dass ich alles hinschmeiße und das ja sowieso alles nichts bringt.
Am einen Tag hatte ich die Kraft, auf Menschen zuzugehen und sie gezielt nach einem Treffen zu fragen, dann bin ich wieder wochenlang zu Hause gesessen und war verärgert, weil sich niemand bei mir gemeldet hat.
Jedoch hat das immer einen Grund, wenn Gott so etwas zulässt.
Und auch bei mir war es etwas, was ich lernen musste.

Im Nachhinein durfte ich erkennen, dass Gott mich damit, dass nur sehr wenige Menschen von sich aus auf mich zugekommen sind, aus der Reserve locken wollte.

Das war notwendig, um endlich aus meinem Schneckenhaus herauszukriechen.

Wenn alle zu mir hineingekrochen wären, hätte es ja keinen Grund für mich gegeben, herauszukommen. Und dann wäre ich da immer noch. In meinem Schneckenhaus.

Also hat Gott dafür gesorgt, dass ich aus meinem Versteck komme. Wo ich war, wusste er ja sowieso schon.

Das, was mich letztendlich verändert hat, war die Liebe, die mir von allen Seiten entgegengebracht wurde und wird. Ich bin von Menschen umgeben, die mich so nehmen, wie ich bin. Mit meinen Ecken und Kanten. Mit meinen Fehlern, mit meiner manchmal etwas zu schnell aufbrausenden Art. Die Menschen um mich herum haben mir gezeigt, wie Gemeinde wirklich funktioniert.

Vielleicht liest du dieses Buch aus Neugierde. Weil du mich kennst und mehr über mich erfahren möchtest. Oder, weil du mein erstes Buch gelesen hast. Vielleicht liest du es aber ja, weil du selbst auch in einer ähnlichen Situation bist.

Wenn das so ist, dann gebe ich dir folgenden Rat: begib dich unter Menschen, komm raus aus deinem Schneckenhaus und lass zu, dass Gott durch die Menschen um dich herum an dir arbeiten kann. Wenn du dich nur versteckst, in dicke Klamotten mümmelst, damit man dich nicht erkennen kann, die Mauer um dich herum immer dicker wird und du dich immer tiefer in deinem Schneckenhaus verkriechst, kann Gott dich nicht heilen. Gott hat nämlich eine ganz besondere Eigenschaft: Er drängt sich niemals auf! Er wartet, bis du so weit bist ihm die Türen zu öffnen und in dein Leben zu lassen.

Und wenn du so weit bist, wird er dir, wie in meinem Fall die Gemeinde, Menschen zur Seite stellen, die dir mit Liebe und Geduld begegnen und dir dabei helfen, zurück zu neuem Mut und Vertrauen zu finden.

Zerstörtes Vertrauen

Noch einmal zu heiraten war für mich ein sehr großer Schritt. Damit war es aber nicht getan. Die Verletzungen der Vergangenheit waren trotzdem noch da. Und sie schmerzten.

Sie haben sich langsam immer tiefer in meine Seele gefressen und mir zeitweise jegliche Kraft zum Leben geraubt.

Auf unser Eheleben hat sich das fehlende Vertrauen enorm ausgewirkt.

Ich habe lange, sehr lange, gebraucht, bis ich an dem Punkt war, dass ich mich meinem Mann vollständig öffnen konnte.

Immer wieder kam die Angst in mir hoch, noch einmal das Gleiche durchleben zu müssen, was ich bereits hinter mir hatte.

Es gab Tage, da durfte mich mein Mann nicht mal in den Arm nehmen. Tage, an denen es schon zu viel für mich war, ihn neben mir auf dem Sofa sitzen zu haben. Ich war innerlich verkrampft, ängstlich und mein ganzer Körper schrie vor Schmerzen.

Der größte Part waren jedoch nicht die Schmerzen. Sondern vielmehr das fehlende Vertrauen.

Wenn wir kein Vertrauen in die Menschen haben, die zu unserem näheren Umfeld gehören, wirkt sich das auf unser ganzes Leben aus. Vertrauen ist das Wichtigste überhaupt, damit Beziehungen funktionieren können. Haben wir kein Vertrauen zueinander, geht eine Beziehung zwangsläufig irgendwann in die Brüche.

Um unserer Ehe eine Chance zu geben, musste ich Philipp einen enormen Vertrauensvorschuss geben. Das war alles, nur nicht einfach.

Und Philipp hatte einen nicht weniger schwierigen Part zu meistern. Denn er musste dieses Misstrauen aushalten. Musste lernen, dass das nichts mit ihm als Person zu tun hatte, sondern mit meiner Vergangenheit.

Das war gerade in körperlichen Bereichen ein ganz schöner Brocken. Durch die Erfahrungen in meiner ersten Ehe hatte ich Angst, wieder verletzt zu werden. Ich hatte Angst, mich zu öffnen und berührt zu werden.

Angst davor, am Ende wieder diejenige zu sein, die vor dem Scherbenhaufen steht und nicht mehr weiterweiß.

Dazu kam, dass Philipp nicht der einzige Mensch war, der mit der Heirat Teil meines Lebens wurde. Er brachte auch eine Familie mit. Eltern, eine Schwester, Verwandtschaft und einen Freundeskreis. Und all diese Menschen wollten in irgendeiner Art und Weise Teil meines Lebens werden.

Wenn aber das Vertrauen nicht da ist, diesen Menschen eine Chance zu geben, wird das unheimlich schwierig.

Solange wir in Berlin gelebt haben, war das noch relativ leicht. Denn da war auch Philipp fremd und musste sich einen Freundeskreis aufbauen.

Nach unserem Umzug zurück in die Heimat wurde das für mich jedoch enorm schwierig.

Philipp hatte seine Freunde, er kannte sich aus. Er kannte unseren Vermieter schon seit vielen Jahren und war sofort Teil des Lebens, das hier ablief. Doch ich war fremd. Nur 50 km von uns entfernt bin ich aufgewachsen. Und trotzdem war ich hier, in der Heimat meines Mannes, eine Fremde. Ich kannte die Menschen zwar schon ein wenig, teilweise vom Sehen, teilweise aus den Erzählungen, allerdings hatte ich hier keine Freunde.

Der einzige Mensch, dem ich wirklich vertraut habe, war mein Mann.

Zum Zeitpunkt unseres Umzugs kannten wir uns schon 5 Jahre und ich hatte viel Zeit gehabt, zumindest eine Vertrauensbasis zu schaffen, mit der ich einigermaßen klargekommen bin.

Hier fremd zu sein, hat nicht unbedingt dazu beigetragen, dass der Umzug für mich einfacher wurde.

Ich war konfrontiert damit, wieder alleine zu sein. Mein Mann hatte nach wenigen Wochen einen Job gefunden, unser Sohn ging ab September zur Schule und ich saß am Vormittag mit zwei kleinen Babys zu Hause und hatte niemanden der mir den Alltag etwas versüßte.

Da die Kleinere der beiden Mädchen extrem anhänglich war, konnte mich meine Schwiegermutter auch nicht so entlasten, wie sie es gerne gemacht hätte. Denn zwei Stunden ohne mich veranlassten meine Tochter dazu, danach eine Woche gar nicht mehr von mir wegzugehen. Sie ließ sich nur hinlegen, wenn sie tief und fest geschlafen hat, schrie sich in den Schlaf und überhaupt schlief sie nur, wenn ich in der Nähe war. Den Zusammenhang zwischen ihrer Anhänglichkeit und dem Gendefekt habe ich erst später verstanden, als wir mit ihr wegen ihres starken Untergewichtes stationär im Krankenhaus waren.

Und da die Tage mit der Kleinen ohnehin schon so anstrengend waren, habe ich alles versucht, um sie nicht noch anstrengender zu machen. Bis wir unsere Tochter so weit hatten, dass sie, ohne sich an mir zu rächen, auch mal problemlos bei der Oma blieb, waren die beiden Mädchen schon fast 2 Jahre alt.

Da ich ansonsten auch kaum jemanden hatte, niemanden wirklich in mein Leben gelassen habe, kam die Einsamkeit zurück.

Ich saß Tag für Tag zu Hause und habe versucht, mein Leben irgendwie „normal" werden zu lassen.

Nur, was ist „normal"? Für mich war es normal, dass ich kaum schlafen konnte, in der Nacht bis zu 4mal aufstehen musste, um meiner Tochter 1,5 Stunden lang immer wieder wenige Milliliter Milch einzuflößen. Gerade genug, dass sie wieder eingeschlafen ist. Es war normal, mit dem Sohn über mehrere Monate zur Diagnostik 75 km weit zu fahren, bis wir endlich herausbekommen hatten, dass er eine auditive Wahrnehmungsstörung hat.

Es war normal, dass mein Mann kaum zu Hause war, weil er bis zu 14 Stunden am Tag außer Haus war, um arbeiten zu können.

Und am Wochenende noch in seinem Nebenjob gearbeitet hat, um uns über Wasser zu halten.

Unser Leben war alles andere, nur nicht normal. Ich versank immer tiefer im Kreislauf meiner Einsamkeit. Da ich noch nicht in der Lage war, den Menschen in meinem Umfeld einen Vertrauensvorschuss zu geben, bin ich viel alleine zu Hause gewesen.

Und da ich kein Vertrauen in die Menschen und in Gott hatte, sind weitere Jahre der Einsamkeit vergangen.

Ja, Gott war Teil meines Lebens. Aber ich habe ihm nicht vertraut. Ich habe nicht daran geglaubt, dass er alles richten kann. Dass er aus dem Scherbenhaufen meines Lebens etwas Wundervolles erschaffen kann.

Ich war davon überzeugt, für immer und ewig in den alten zerschlissenen Klamotten meines Lebens herumlaufen zu müssen und dass es mir nicht vergönnt war, wirklich glücklich zu sein.

Nach außen hin habe ich vielleicht glücklich gewirkt. Ich habe meistens mein breitestes Lächeln aufgesetzt und vor anderen von meinem Mann und meinen Kindern geschwärmt. In mir hat es jedoch ganz anders ausgesehen. Das, was die Menschen um mich herum gesehen haben, war nur eine Fassade. Und diese Fassade musste erst einmal einstürzen, damit das, was dahinter aufgebaut wurde, zum Vorschein kommen konnte.

Beziehungen – ohne geht´s nicht

Beziehungen sind etwas, worauf wir nicht verzichten können. Es gibt immer wieder Menschen, die der irrsinnigen Meinung sind, dass sie das Leben auch ohne andere Menschen meistern können.

Jetzt war ich aber ja so sehr verletzt und zerbrochen, dass ich keine echten Beziehungen in meinem Leben mehr zulassen konnte. Oder wollte.

Stell dir mal vor, du möchtest wirklich versuchen, komplett alleine zurechtzukommen.

Selbst wenn du es schaffst, dich so abzuschotten, dass du keine Beziehungen mehr eingehen musst, bist du nur dann in der Lage, völlig alleine zu sein, wenn du irgendwo im Niemandsland in einer einsamen Hütte lebst. Alles Essbare selbst anbaust, dir einen eigenen Brunnen gräbst oder eine Quelle suchst. Du müsstest immer darauf achten, dass du niemand anderen über den Weg läufst.

Am Abend ist niemand da, mit dem du dich unterhalten kannst. Tag für Tag, Woche für Woche ist der einzige Mensch, mit dem du dich beschäftigen kannst, die Person, die in deinem Spiegel wohnt.

Wir sind auf Beziehungen angewiesen. Es ist wissenschaftlich erwiesen, dass Menschen, die einsam sind, eine deutlich kürzere Lebenserwartung haben, als Menschen, die in einem sozialen

System wie einer Familie oder ähnliches eingebunden sind. Wir wurden von Gott dazu geschaffen, Gemeinschaft zu haben. Ohne geht es nicht. In dem Moment, in dem wir am Leben teilhaben, leben wir in irgendeiner Form eine Beziehung. Mit manchen Menschen ist diese Beziehung oberflächlich, wie mit unserem Friseur oder der Kassiererin im Supermarkt. Zu anderen Menschen bauen wir eine freundschaftliche Beziehung auf. Doch am stärksten ist die Beziehung zu unserer Familie. Sicher gibt es Menschen, die aus verschiedenen Gründen sämtliche emotionale Bindungen zu ihrer Familie lösen. Doch auf die Milliarden Menschen gesehen, die auf unserem Planeten leben, ist dieser Anteil verschwindend gering. Und sieht man hier genauer hin, dann suchen sich auch diese Menschen in irgendeiner Form ein soziales Netzwerk, das dem einer Familie gleicht.

Man kann allerdings auch sehr einsam sein, wenn man in einer Familie eingebunden ist.
So ging es mir viele Jahre. Für mich war es über viele Jahre hinweg die Normalität, einsam zu sein. Als ich Single war, war mein größter Wunsch zu heiraten und eine eigene Familie zu gründen.
Durch die jahrelangen vorwiegend emotionalen Misshandlungen durch meinen Ex-Mann wurde aus diesem Wunsch jedoch ein Albtraum. Ich habe mich immer mehr zurückgezogen und wurde einsamer als jemals zuvor.

Als ich Philipp geheiratet habe, war mir durchaus bewusst, dass ich in eine Familie einheiraten werde. In eine Familie, die eine gute Bindung untereinander hatte. Menschen, die zusammengehalten haben, die nichts wirklich erschüttern konnte.

Da ich allerdings durch meine Vergangenheit eine dicke Mauer um mich herum aufgebaut hatte, war es für die neuen Menschen in meinem Leben nicht gerade einfach, zu mir durchzudringen.

Gerade die Beziehung zu meiner Schwiegermutter hat die ersten Jahre enorm unter meiner Bindungsangst gelitten. Mein Mann und mein Schwiegervater mussten zeitweise richtig viel vermitteln, um ein stabiles Familienleben zu ermöglichen.

Und hier hat Gott einen richtig guten Job gemacht.

Mit der Zeit durfte ich lernen, meine Schwiegermutter näher an mich heranzulassen. Ich durfte erleben, wie sie mich immer wieder in die Arme genommen hat, egal, wie sehr ich sie mit meinem Verhalten verletzt habe. Und mittlerweile ist sie für mich eine der wichtigsten Personen in meinem Leben. Wir sind nach wie vor nicht immer einer Meinung. Doch wir finden immer Wege, mit unserer Unterschiedlichkeit umzugehen und respektieren die Werte und Grenzen der jeweils anderen.

Gott hat uns nicht als Einzelgänger erschaffen. Als er den Menschen erschaffen hat, wollte er jemanden haben, der ihm ähnlich ist. Sein Plan war, mit Adam einen Menschen zu erschaffen, mit dem er eine Beziehung haben konnte. Und genau das hat Gott am Anfang auch gemacht. In der Bibel steht, dass er jeden Abend mit Adam im Garten Eden spazieren gegangen ist und sich mit ihm unterhalten hat. Er hat die Beziehung gelebt, die er sich gewünscht hat.

Doch Adam wurde immer einsamer, weil er niemanden hatte, der so war, wie er. Und da kam Gott auf die Idee, für Adam eine Gefährtin zu erschaffen und so ist Eva entstanden.

Auch Eva war dafür geschaffen, Beziehung zu leben.

An der Erschaffung von Adam und Eva sehen wir, dass Gott von Anfang an daran interessiert war, dass wir Menschen in Beziehungen leben. Hätte er Einzelgänger gewollt, wäre Adam wohl alleine geblieben und damit der einzige Mensch gewesen, der jemals auf diesem Planeten gelebt hat.

Doch genau das war nie Gottes Plan.

Ein weiteres Beispiel, welches mir immer wieder vor Augen hält, wie wichtig Beziehungen sind, ist für mich Abraham.

Abraham war das Oberhaupt einer sehr großen Familie, auch Sippe genannt. Diese Familie war der Dreh- und Angelpunkt eines jeden, der dazu gehört hat. Die wichtigsten Menschen in Abrahams Leben waren seine Ehefrau Sarah und sein Neffe Lot.

Als es zwischen den beiden Familien von Lot und Abraham immer wieder zu Streitigkeiten kam, hat Abraham auf das ertragreichere Land verzichtet und es Lot gegeben, um den Frieden zu wahren. Das war ein sehr großer Schritt, der gezeigt hat, wie wichtig der Zusammenhalt in einer Familie ist. Denn als

Oberhaupt der ganzen Sippe wäre Abraham dazu befähigt gewesen, die Unruhestifter einfach aus der Sippe zu verbannen. Doch das wollte er nicht. Dafür war ihm die Familie zu wichtig.

Heute leben Menschen nicht mehr in so großen Familienverbänden. Meistens leben wir mit unseren Ehepartnern und Kindern unter einem Dach. Das Mehrgenerationenhaus war über einige Jahrzehnte sogar fast vollständig aus unserem Leben verschwunden. Mittlerweile erkennen viele Menschen die Vorteile daraus wieder und achten zumindest darauf, örtlich nicht allzu weit voneinander entfernt zu leben.

Doch auch Freundschaften geben uns sehr viel Stabilität in unserem Leben.
Ich habe viele Jahre ohne echte Freundschaften gelebt. Die Menschen in meinem Leben haben meine Gutmütigkeit und meinen Wunsch nach Beziehungen für ihre Zwecke ausgenutzt und mich fallen lassen, wenn ich Unterstützung gebraucht habe. Das war eine sehr schwere und schmerzhafte Zeit und hat mich zu einem egozentrischen Menschen werden lassen.

Durch meinen Ehemann durfte ich jedoch auch hier Heilung erfahren. Philipp ist ein sehr extrovertierter Mensch und hat mich ohne Rücksicht auf meine Bindungsängste überall mit hingenommen. Ich wurde jedem, der ihm wichtig war, vorgestellt und alles, was er gemacht hat, sollte ich auch machen.

Er hat es damals nur gut gemeint. Für mich war das allerdings am Anfang erdrückend.

Mir waren das zu viele neue Eindrücke, zu viele neue Menschen in meinem Leben und zu viele Erwartungen, die ich erfüllen sollte. Zumindest dachte ich, dass ich sie erfüllen musste.

Meine größte Angst war, dass ich versagen könnte.

Und deshalb habe ich mich auch nach unserer Hochzeit noch fast 7 Jahre so gut es ging von Menschen ferngehalten.

Ein paar wenige haben es zwar trotzdem geschafft mein Herz zu erobern und in mein Schneckenhaus hineinzukriechen, der Großteil allerdings musste draußen bleiben.

Für mich ist es erschreckend, wie sehr wir oft darin bemüht sind unseren Alltag mit Familie, Kindern und Job zu meistern, und dabei völlig vergessen, auch noch Freundschaften oder die Beziehungen innerhalb der Familie zu pflegen.

Ich muss mich selbst da auch mit einschließen.

Da ich so viele Jahre einsam war und so gut wie keine Freunde hatte, hatte ich mich ja daran gewöhnt, alles alleine zu stemmen und meine Freizeit nur für mich zu gestalten.

Philipp war auch in diesem Punkt das komplette Gegenteil von mir.

Er hatte seinen Freundeskreis und war es gewohnt, ständig überall dabei zu sein. Er hatte seine Kleingruppe, in die er regelmäßig gegangen ist, seine Freunde, mit denen er sich regelmäßig getroffen hat und war auch mit seinen Kollegen immer wieder mal unterwegs.

Weihnachten und Ostern wurde immer gemeinsam mit der Familie gefeiert. Für mich war das total ungewohnt. Heilig Abend habe ich zum letzten Mal mit 18 bei meinen Eltern verbracht und in den Jahren mit meinem Ex-Mann war Weihnachten durch seinen Nebenjob nur noch etwas, was ich hinter mich bringen wollte, weil es einfach extrem stressig war.

Mit der Zeit allerdings lernte ich diese Familienfeste richtig zu schätzen. Das hat aber richtig lange gedauert.

Auch mit dem Freundeskreis ist das so eine Sache. Ich war ja meistens alleine und hatte durch das mangelnde Vertrauen völlig verlernt, wie man Freundschaften knüpft, aufbaut und vor allem erhält.

So richtig in Schwung ist das erst wieder gekommen, nachdem ich es geschafft habe, in der Heimatgemeinde meines Mannes Fuß zu fassen. Sicher geht das noch besser, als das, was ich so abliefere. Aber es wird. Langsam. Und das ist besser, als gar nicht.

Im ersten Band dieser Reihe habe ich ja davon erzählt, dass es mir wichtig ist, meine Freunde regelmäßig zumindest anzuschreiben und ihnen ein Lebenszeichen von mir zu geben und zu erfahren, wie es ihnen geht. Es war allerdings echte

Schwerstarbeit an diesen Punkt zu kommen und mit einer harten Lektion verbunden.

Nachdem ich Philipp kennengelernt habe, hat er mich ziemlich schnell einer guten Freundin von sich vorgestellt. Wir haben uns auf Anhieb gut verstanden und als Philipp und ich geheiratet haben, war für uns beide, ohne überlegen zu müssen, klar, dass sie eine unserer Trauzeuginnen werden sollte.

Doch nach einigen Jahren, da haben wir dann schon hier in unserer Heimat gelebt, hat sich der Kontakt irgendwie ziemlich verfahren. Wir hatten beide unsere Familien, unseren Alltag und unsere Jobs. Und bei dem Versuch, alles irgendwie unter einen Hut zu bekommen, haben wir kaum mehr den Kontakt zur jeweils anderen gesucht. Eines Tages hat es dann richtig heftig geknallt. Und dabei hat sie mir vorgeworfen, dass ich mich nur noch bei ihr melden würde, wenn ich einen Babysitter für die Kinder brauche. Sie hat den Kontakt abgebrochen und wollte nichts mehr mit mir zu tun haben. Ich habe zuerst noch versucht, den Kontakt irgendwie wieder herzustellen. Vergeblich. Von ihr kam nichts zurück.

Nachdem ich gerade im Lernstress gewesen war, habe ich meine Versuche dann auch irgendwann eingestellt und akzeptiert, dass die Freundschaft wohl zerbrochen war.

Dann war ich auf einem Seminar und wenige Tage später musste ich wegen einer Eileiterschwangerschaft ins Krankenhaus und operiert werden.

Mir ging es total dreckig. Doch irgendwie musste es bei mir scheinbar wieder dazu kommen, dass ich einsam im Krankenhaus lag, frisch operiert und niemand da war, mit dem ich über meine Ängste sprechen konnte.

Mein Mann wusste zwar, dass es mir alles andere als gut gegangen ist, doch hatte er so viel mit den Kindern zu tun, dass ich ihn nicht noch zusätzlich mit meinen Gedanken und Ängsten belasten wollte.

Meine Freundin war keine Freundin mehr und an meine Schwiegereltern konnte ich mich in diesem Moment nicht wenden, weil sie so schon nicht verstanden haben, warum wir überhaupt noch mal versucht haben, noch weitere Kinder zu bekommen.

Und so hatte ich viel Zeit, um nachzudenken. Allerdings habe ich nicht wirklich verstanden, wo das Problem war. Ich konnte und wollte nicht hinnehmen, dass ich bei mir anfangen musste, wenn ich wollte, dass sich etwas verändert.

Bis ich so weit war, den ersten Schritt zu gehen, ist einiges an Zeit vergangen. Und dann bin ich eines Tages einfach zu ihr hingefahren und hab mich bei ihr entschuldigt. Für die Fehler, die ich gemacht hatte. Ohne ihr ihre Fehler vorzuhalten.

Und genau das hat unsere Freundschaft wieder aufleben lassen und gefestigt.

Heute kann uns nichts mehr so schnell umhauen. Wir haben Wege gefunden, wie wir damit umgehen, wenn eine von uns aus privaten Gründen sich zurückzieht. Und wenn es etwas gibt, worüber wir reden müssen, würden wir das auch ohne Umwege machen. Allerdings kam es seit diesem Streit gar nicht mehr zu diesem Punkt, weil wir gelernt haben, anders aufeinander zuzugehen.

Durch diese Geschichte ist mir so richtig bewusst geworden, wie wichtig es ist, dass wir unsere Freundschaften pflegen und aufrechterhalten.
Und wenn es nur mal kurz zwischendurch ein kleines Lebenszeichen ist oder die ehrliche Nachfrage, wie es dem anderen geht. Bereits das hält eine Freundschaft am Leben.

Eine andere Situation, in der ich erleben durfte, wie wertvoll Freundschaften sind, hatte ich erst vor Kurzem. Mein Mann war krank und ich mit den Nerven gerade ziemlich am Ende.
Eine Freundin von mir hatte meine Töchter und es war vereinbart, dass sie mir die beiden Mädels nach Hause bringt. Und dann kam plötzlich ein Anruf, ob wir uns nicht an einer Kreuzung, in der Nähe unseres Ortes, treffen können, da sie selbst nicht fährt und die Freundin, die sie mitgenommen hatte, unter Zeitdruck war.
Ich bin widerwillig losgefahren, war innerlich total aufgewühlt und ziemlich genervt. Und dann in der Gegenwart der beiden Frauen konnte ich meine Tränen nicht mehr zurückhalten. Ich stand da, mitten auf der Straße und heulte. Doch trotz des Zeitdrucks, unter dem die anderen beiden standen, haben sie

sich die Zeit genommen, mich aufzubauen und zu ermutigen. Sie haben mir ihre Unterstützung angeboten und mir gezeigt, dass ich nicht alleine durch diese für mich ziemlich schwere Situation hindurch musste.

Das, was ich mit diesen beiden Situationen erleben durfte, war genau das Gegenteil von dem, was ich über Jahre hinweg als junge Erwachsene erlebt hatte.
Ich hatte erwartet, dass meine Freundin, mit der ich mich so gestritten hatte, sich komplett von mir zurückziehen würde. Und dass die beiden Frauen mich mit meinem Kummer alleine stehen lassen, weil sie selbst unter Zeitdruck standen.
Doch genau das Gegenteil war der Fall.
Die Beziehung zu unserer Trauzeugin hat sich gefestigt und wurde durch die Situation des Streites gestärkt.
Und durch die Reaktion der anderen beiden Frauen durfte ich erleben, dass Gott dafür sorgt, dass wir im richtigen Moment aufgebaut und getragen werden. Letztendlich habe ich die Unterstützung der beiden gar nicht mehr benötigt. Jedoch hat alleine das Wissen, dass sie für mich da sind, dazu beigetragen, dass ich wieder mit neuer Energie in die Situation zu Hause zurückgehen konnte, um meinen Mann den Rücken zu stärken und für ihn in seiner Erkrankung da zu sein.
Beziehungen sind unumgänglich, wenn wir bestehen wollen. Wir können das Leben nicht alleine meistern. Dazu brauchen wir andere Menschen und die Gemeinschaft.

Die Bibel zeigt das an vielen Stellen auf. Von der Schöpfungsgeschichte bis zur Offenbarung finden wir viele Beispiele, wie sehr wir die Gemeinschaft mit anderen Menschen brauchen.

Wenn du selbst an einem Punkt in deinem Leben bist, an dem du das Vertrauen in andere Menschen verloren hast, dann geh ins Gebet. Bestürme den Thron des himmlischen Vaters so lange, bis deine Gebete erhört werden und du nicht mehr alleine bist. Vertrau auf IHN in allem, was du tust und was in deinem Leben passiert.

ER wird dafür sorgen, dass die richtigen Menschen zum richtigen Zeitpunkt in dein Leben kommen. Er lässt dich nicht hängen, auch, wenn du vielleicht gerade das Gefühl hast, im Stich gelassen zu sein. Bitte Jesus jeden Tag aufs Neue, dir dabei zu helfen, Vertrauen aufzubauen und den Kontakt zu anderen Menschen zu suchen. Es wird nicht einfach werden, aber es wird sich lohnen! Hör auf dein Herz, verlass dich auf die Führung Gottes in deinem Leben und gebe den Menschen um dich herum einen Vertrauensvorschuss.

Dann wirst du erleben, wie du immer stärker die Menschen anziehst, die es ehrlich mit dir meinen!

Die Rolle der Familie

Familie hat bereits in der Bibel einen ganz besonderen Status. Die erste Ehe schloss Gott selbst, als er Eva erschuf und sie Adam zur Frau gab.

Zu alttestamentlichen Zeiten war es völlig normal, dass Familien in einem großen Verbund zusammengelebt haben. Frauen, die geheiratet haben, sind mit ihren Männern in deren Familie aufgenommen worden und waren fortan ein Teil von ihnen.

Wurden Frauen zur Witwe, hat sich für gewöhnlich ein Bruder ihres Mannes ihrer angenommen und sie geheiratet, damit sie versorgt war. Oder sie ging zurück zu ihren Eltern.

Heute ist das ganz anders. Viele junge Menschen ziehen bereits nach dem Schulabschluss aus, um in einer fremden Stadt zu studieren.

Ich selbst habe zwar erst später über eine Fernuni studiert, trotzdem bin ich direkt nach dem Schulabschluss ausgezogen. Ich wollte raus, weg von meinen Eltern, komplett alleine über mein Leben bestimmen können. Das hatte durchaus seine Vorteile. Denn es gab niemanden, der mir sagte, wann ich am Abend zu Hause sein sollte. Ich musste mich keinen Regeln unterordnen, die von anderen im Haus aufgestellt wurden. Ich konnte tun und lassen, was ich wollte.

Diese Freiheit möchten immer mehr junge Menschen.

Doch so schön wie es ist, selbst über alles bestimmen zu können, so schwierig wird es auch, wenn mal etwas nicht so läuft, wie es soll.

Nachdem ich zu meinen Adoptiveltern allerdings keine gute Bindung gehabt hatte, war mir die Einsamkeit immer noch lieber, als mit einer Familie unter einem Dach zu leben, in der ich mich nicht wohlgefühlt habe.

Das hat allerdings auch dazu geführt, dass ich nie richtig gelernt habe, was Familie wirklich bedeutet.

Für kleine Kinder ist es selbstverständlich, dass Eltern da sind und für sie sorgen. Dieses Urvertrauen baut sich ja direkt nach der Geburt langsam dadurch auf, dass die Grundbedürfnisse gestillt werden. Jugendliche wünschen sich dann eher, dass sie nicht ständig die Eltern vor der Nase haben und selbstständig über ihr Leben entscheiden können.

Doch genau in dieser Zeit ist es besonders wichtig, dass das Vertrauen zwischen Eltern und Kinder gestärkt wird.

Und diese Bindung, die in diesen Jahren entsteht, hat mir gefehlt.

Ich habe mich immer weiter abgekapselt und versucht, alles irgendwie alleine zu schaffen. Die Jahre des Missbrauchs, die mich begleitet haben, haben diese Einstellung immer mehr gestärkt. Ich bin über viele Jahre hinweg immer behandelt worden, wie ein kleines unmündiges Kind. Später, in meiner ersten Ehe, war ich zwar Teil einer Familie, trotzdem aber alleine.

Meinen Ehemann hatte es nicht interessiert, was ich mache oder wie ich etwas schaffe. Emotionen waren nicht angesagt, liebevolle Gefühle waren irgendwann nicht mehr vorhanden.

Erst durch Philipp habe ich gelernt, was es bedeutet, Teil einer Familie zu sein. Plötzlich war da jemand, der an meinem Leben teilhaben wollte.

Da waren Schwiegereltern, die immer für uns da waren, und es auch heute noch sind, wenn wir Hilfe gebraucht haben. Völlig egal, ob wir finanzielle Unterstützung nötig hatten oder ganz praktische Hilfe. Als unsere Töchter geboren wurden, sind sie nach Berlin gefahren und haben ein paar Tage bei uns gewohnt. Sie haben sich um unseren Sohn gekümmert und dafür gesorgt, dass mein Mann und mein Sohn etwas Ordentliches zu essen hatten. Als ich vom Krankenhaus nach Hause kam, war die Wohnung frisch geputzt, ein Kuchen hat auf uns gewartet und im Gefrierschrank stand vorgekochtes Essen, damit ich nicht gleich wieder in der Küche stehen musste.

Da war so viel Liebe und doch musste ich es erst lernen, diese Liebe für mich anzunehmen und meinen Schwiegereltern Vertrauen entgegenzubringen.

Ich bin mir sicher, dass sie die ganzen Jahre gespürt hatten, dass es einen Teil meiner Vergangenheit gibt, über den ich nicht sprechen wollte. Sie wussten, dass ich zu meinen Adoptiveltern eine eher schlechte Beziehung hatte und wir zeitweise keinen Kontakt hatten. Doch was in mir genau vorging, wussten sie nicht. Ich konnte mich lange nicht vollständig öffnen.

Erst, als es an die Entscheidung ging, die Gemeinde in meine Vergangenheit einzuweihen, musste ich über meinen Schatten springen. Ich wollte auf keinem Fall, dass meine Schwiegereltern zusammen mit der restlichen Gemeinde erfahren, welchen Hintergrund ich hatte. Also haben wir sie ein paar Tage vor dem angesetzten Termin zu uns nach Hause eingeladen. Die Angst, wieder auf Ablehnung zu stoßen, Angst, dass mir nicht geglaubt wird, hat sich in mir breit gemacht. Ich hatte aber entschieden, diesen Schritt zu gehen. Also wollte ich es auch durchziehen.

Mein Mann und ich haben uns noch einmal zusammengesetzt und gebetet. Langsam wurde ich ruhiger.

Die Reaktion meiner Schwiegereltern hat mir dann endgültig gezeigt, dass ich hier in dieser Familie lernen darf, mich fallen zu lassen. Sie haben mich liebevoll durch diese schwere Phase hindurch begleitet, haben mir zugehört, für mich und unsere Familie gebetet und mir noch ein paar Tipps für den darauffolgenden Sonntag gegeben. Ich hatte die Sicherheit, meine Familie zu 100 % hinter mir stehen zu haben.

Und wie ging es mit meinen Adoptiveltern weiter?

Von meiner Adoptivfamilie hatte ich mich irgendwann abgeschottet. Ständig unter Spannung zu stehen und mit negativen Erinnerungen an die Vergangenheit konfrontiert zu sein, hatte mich so viel Kraft gekostet, dass ich immer kränker geworden bin.

Wir hatten viele Jahre keinen Kontakt. Doch auch, wenn diese Jahre nicht ganz einfach waren und ich viel mit mir gekämpft habe, diese Zeit war nötig, um mit einem gewissen Abstand diesem Teil meiner Familie eine neue Chance zu geben.

Wir haben noch in Berlin gelebt, als mich eine Jugendfreundin anrief und mir mitteilte, dass meine Mutter sie angesprochen und gefragt hat, ob sie nicht zwischen uns vermitteln kann.

Ich habe das damals mit sehr gemischten Gefühlen aufgenommen und es kam auch nicht dazu, dass meine Jugendfreundin vermittelt hat. Dazu wäre sie die Falsche gewesen, da sie als meine Freundin nicht neutral bleiben hätte können.

Allerdings habe ich es zum Anlass genommen und meiner Mutter eine E-Mail geschrieben. Ich war noch sehr vorsichtig. Ich habe mit Bedacht entschieden, wie weit ich sie an meinem Leben teilhaben lasse.

Interessant ist, dass ich zu dem Zeitpunkt, als sich der Kontakt wieder langsam aufgebaut hat, auch gesundheitlich endlich auf dem Weg der Heilung war.

Zwischenzeitlich hatte ein Rheumatologe in Berlin die Diagnose „Rheumatoide Arthritis" neu aufgerollt, sich die alten Befunde angesehen und verschiedene Tests gemacht. Er konnte die Diagnose widerlegen, was auch erklärt hat, warum die Medikamente, mit denen ich meiner Leber immer mehr geschadet habe, nicht angeschlagen haben. Die neue Diagnose war allerdings im ersten Moment auch ernüchternd.

Dieser Arzt erklärte mir, dass ich zu diesem Zeitpunkt seit 8 Jahren eine Lebervergiftung hatte. Und die ohnehin vergiftete Leber bekam seit 8 Jahren jeden Tag aufs Neue pures Gift.

Die Folge davon war die Schmerzerkrankung Fibromyalgie. Lange als „nicht existent" verschrien, machte mir diese Erkrankung enorme Probleme. Doch dieser Arzt war einfach klasse. Mit eine leichten Psychopharmaka und einem Schmerzmittel, das nicht auf die Leber geht, hat er dafür gesorgt, dass mein Schmerzgedächtnis gelöscht wurde und meine geschädigten Nerven zur Ruhe kommen konnten.

Erst, als ich neue Kraft hatte, mich wieder um mich selbst kümmern konnte und nicht mehr auf die tägliche Unterstützung meines Mannes angewiesen war, trat meine Adoptivmutter wieder in mein Leben.

Der Kontakt hat sich langsam wieder aufgebaut und heute können wir wieder entspannter miteinander umgehen.

Dass ich dazu in der Lage bin, ist für mich jedoch auch das Ergebnis davon, dass ich durch die Familie meines Mannes gelernt habe, wie eine Familie funktioniert und langsam Vertrauen aufbauen konnte.

Mittlerweile hat jeder Teil meiner Familie, ob leiblich, Adoptivfamilie oder angeheiratet, einen festen Platz in meinem Herzen. Jede einzelne Person ist auf ihre Art wichtig für mich, meine Kinder und meine Weiterentwicklung.

Geh deinen Weg - nicht den Weg der anderen!

Kennst du dieses Gefühl, ständig fremdbestimmt zu sein und keine eigenen Entscheidungen treffen zu können? Das Gefühl, dass andere Menschen versuchen, dich nach ihren Vorstellungen zu lenken, damit du den Weg gehst, den sie für dich vorgesehen haben?

Wenn du in deinem Leben auch Missbrauch erlebt hast, dann auf jeden Fall. Aber auch in vermeintlich stabilen Beziehungen kann es vorkommen, dass Menschen in unserem Umfeld versuchen, unser Leben zu bestimmen. Oft unbewusst und als „guter Rat" getarnt.

Mir ging das mehrere Jahrzehnte so. Als Jugendliche zu Hause, als junge Erwachsene in der Kirchengemeinde in der ich war, und später in meiner ersten Ehe auch wieder.

Die Jahre in der Freikirche waren dabei die Jahre, die mich in dieser Hinsicht am meisten geprägt haben.

Ich hatte große Pläne und durch die Kontakte zu Südafrika ist in mir eine Vision gewachsen.

Der Weg, den ich gehen wollte, war klar und für mich unanfechtbar. Afrika war mein Ziel und eine Prophetie bestätigte mir diesen Weg auch. (Ich weiß, dass das Thema, ob Prophetien wirklich echt sein können, häufig umstritten ist. Liest man jedoch die Bibel dazu, gab es immer wieder Propheten, die gewisse Dinge in Gottes Namen weitergegeben haben. Und ich glaube, dass es auch heute noch Menschen gibt, die Gott auf diese Weise nutzt, um seinen Willen kund zu tun).

Diese Prophetie bekam ich auf einer Freizeit mit der Gemeinde. Doch gleich am nächsten Morgen wurde ich von ein paar Frauen der Gemeindeleitung zur Seite genommen. Mir wurde erklärt, dass die Worte des Propheten falsch gewesen wären und ich mich voll und ganz dem unterzuordnen hatte, was die Gemeindeleitung mir zu sagen hatte.

Mein Weg, den ich gehen sollte, sollte von ihnen bestimmt werden. Nicht von jemand anderen. Und dieser Weg, der für mich „vorbestimmt" sei, war alles andere als im Dienste Gottes zu arbeiten.

Ich habe kein Problem damit, zu putzen, abzuwaschen, oder ähnliche Aufgaben zu übernehmen. Wenn es allerdings darauf hinausläuft, dass man nur für solche Dienste eingesetzt wird, mit der Begründung, dass man für den „richtigen Dienst für Gott noch nicht reif ist", dann läuft etwas schief.

Menschen sind nun mal Menschen und neigen dazu, aus ihrer eigenen Sicht heraus zu beurteilen, was für einen Menschen gut oder schlecht ist.

Doch anstatt unsere eigenen Gedanken in unsere Mitmenschen zu pflanzen, müssen wir dahin kommen, Gottes Gedanken weiterzugeben und darauf zu vertrauen, dass auch andere Menschen in der Lage sind, Gottes Stimme zu hören und für sich selbst Entscheidungen zu treffen.

Selbst, wenn sich im Nachhinein herausstellen sollte, dass wir recht hatten, muss doch der Mensch, den es betrifft, seine eigene Lektion lernen.

Durch diese Neigung, immer und überall unseren Senf zugeben zu müssen, werden jeden Tag aufs Neue viele Menschen davon abgehalten, ihren eigenen Weg zu gehen. Den Weg, den sie gehen möchten und sehr oft auch den Weg, den Gott für sie vorbereitet hat.

Damit ist nicht gemeint, dass man überhaupt keinen Rat annehmen soll. Im Gegenteil. Schon in der Bibel hat Gott den Menschen klar gesagt, dass die jungen auf den weisen Rat der alten hören sollen. Und das hat durchaus seine Berechtigung. Ältere Menschen verfügen über wesentlich mehr Lebenserfahrung. Haben viele Hürden schon hinter sich und können die jüngeren vor schwerem Schaden bewahren, in dem sie ihr Wissen und ihre Erfahrungen mit anderen teilen.

Ich rede hier jedoch nicht von einem weisen wertvollen Rat, sondern von plumpem Geplapper, das aus eigenem Denken heraus voreilig ausgesprochen wird.

Als ich durch die Worte, keinen richtigen Dienst für Gott machen zu dürfen, davon abgehalten wurde, meinen Weg zu gehen, zerbrach in mir etwas. Denn diese Worte konnten nicht von Gott sein. Gott selbst würde niemals seine Kinder davon abhalten, im Glauben zu wachsen und voranzugehen. Er lässt uns durch Schulen gehen und manchmal lange im Kreis drehen, bis wir verstanden haben, was er uns sagen möchte. Vom Wachstum jedoch hält er uns nicht ab. Niemals!

Die Worte, das, was mir übermittelt wurde, hatte sich zu diesem Zeitpunkt tief in mich hineingefressen und jegliches Vertrauen in meine Fähigkeit, Gottes Stimme zu hören und die richtigen Entscheidungen zu treffen, war zerstört. Bis zu diesem Tag war ich fest davon überzeugt, Gottes Stimme hören zu können, zu erkennen, was er für mich vorbereitet hat. Warum auch sollte ich das nicht können? Niemand kann sich dieses Recht herausnehmen, zu behaupten, dass ein Kind Gottes nicht in der Lage ist, die Stimme seines Vaters zu erkennen.

Ich war mir sicher, eines Tages einen wichtigen Platz in seinem Reich einnehmen zu dürfen.

Doch die Worte dieser Frauen haben mich wieder einmal erniedrigt. Wieder wurde ich klein gemacht, wieder wurden mir die Fähigkeiten, die ich hatte, abgesprochen. Wieder wurde mir das Gefühl gegeben, ein Niemand zu sein.

Die Worte, dass Gott für mich nicht geplant hätte, in seinem Namen große Dinge zu tun, haben mir das Gefühl gegeben, zu nichts nutze zu sein. Nicht für das Reich Gottes zu taugen. Nicht hübsch genug zu sein. Ich war ein Niemand. Jemand, der zu nichts in der Lage war, nichts wirklich konnte und keinerlei Fähigkeiten hatte.

Dass da das Selbstwertgefühl auf der Strecke bleibt, ist selbstredend.

Und als ob das nicht gereicht hätte, kam an einem Sonntag eine Frau auf mich zu, die mir versuchte zu erklären, dass Gott zu ihr gesprochen hätte. Sie sollte mir mitteilen, dass er für mich nicht wollte, dass ich mich schminkte, meine Augenbrauen zupfte oder sonst irgendwie hübsch zurechtmachte. Zu diesem Zeitpunkt war mein Selbstwertgefühl bereits so sehr geschwächt, dass ich diesen Mist geglaubt habe. Heute kann ich darüber nur schmunzeln, denn ich war bei Weitem niemand, der sich übermäßig aufgedonnert hat. Ich habe lediglich das getan, was mir zu Hause beigebracht wurde: Das Haus in einem ordentlichen Zustand verlassen. Als junge Frau habe ich das jedoch ernst genommen. Außerdem war das ja eine Frau aus der „oberen Schicht", die mir das gesagt hat. Also musste es ja stimmen. Ängstlich und beschämt habe ich mich untergeordnet und wurde immer mehr zu einer kleinen grauen, übergewichtigen Maus, die kaum mehr aus ihrem Loch herausgekrochen kam. Der Drang, den Schmerz im wahrsten Sinne des Wortes in mich hineinzufressen, wurde immer stärker. Die hübschen farbenfrohen Kleidungsstücke sind immer weiter nach hinten gerückt, stattdessen haben dunkle Farben meinen Kleiderschrank dominiert.

Mein ganzes Erscheinungsbild sagte: „Lass mich bloß in Ruhe, ich bin es sowieso nicht wert, dass du mit mir sprichst."

Bis ich dieses Gefühl, nutzlos zu sein, überwunden hatte, sind viele Jahre vergangen. Ich konnte mich nicht mehr dazu überwinden aufzustehen, aus meinem Schneckenhaus herauszukommen und den Panzer, den ich mir zugelegt hatte, abzulegen.

Ich war felsenfest davon überzeugt, nicht gut genug zu sein, um überhaupt irgendetwas Wertvolles machen zu können.

Dieses Gefühl, nicht für das Reich Gottes zu taugen, war noch viele Jahre Bestandteil meines Lebens.

Als mein Sohn klein war, habe ich mich in der Gemeinde, in die ich zu diesem Zeitpunkt ging, für den Kinderdienst gemeldet. Allerdings ist es mir unheimlich schwergefallen, mich von Gott führen zu lassen. Nach weniger als einem Jahr habe ich den Dienst dann freiwillig quittiert, weil ich schlichtweg kein Vertrauen in meine Fähigkeiten hatte. Und dieses mangelnde Vertrauen hatte sich auf meinen Dienst ausgewirkt. Ich war unzuverlässig und ständig krank. Ich hätte nur einmal im Monat für 1,5 Stunden dafür sorgen müssen, dass kleinen Kindern die Geschichten der Bibel erzählt wurden und sie beschäftigt waren. Mehr wäre es nicht gewesen. Und doch hatten meine Selbstzweifel dafür gesorgt, dass ich versagt habe.

Wenn ich mich mit anderen unterhalte, fällt mir oft auf, wie sehr das Herz für etwas brennt. Und dann wird der Weg jedoch nicht gegangen, weil man entweder Zweifel hat, ob das Brennen für diesen Weg wirklich echt ist, oder weil sich Menschen einmischen und versuchen, einem ihre eigenen Gedanken als Gottes Weg zu verkaufen.

Und das ist tödlich. Zumindest im übertragenen Sinn. So ein Fehlverhalten kann einen Menschen innerlich vollständig zerstören.

Bei manchen Menschen führt das im wahrsten Sinne des Wortes zum Tot. Mobbing hat schon viele Menschen zum Suizid getrieben. Und auch ich war immer wieder in meinem Leben an diesem Punkt angekommen, einen Schlussstrich ziehen zu wollen. Andere Menschen wiederum ziehen sich immer weiter zurück, verfallen in eine Depression oder erkranken an Schmerzerkrankungen wie Fibromyalgie.

Trotz der großen Selbstzweifel habe ich aus diesen Situationen von damals gelernt. Eine Freundin hat zu mir einmal einen sehr wertvollen Rat gegeben. Sie hat mir gesagt, dass ich lernen muss, weniger zu denken und mehr auf mein Bauchgefühl zu vertrauen. Also genau das, was mir einst aberzogen wurde. Ich hatte ja immer wieder Menschen in meinem Leben, die mir erklärt haben, wie wichtig es ist, die Gefühle bei Entscheidungen außen vorzulassen und zu lernen, rational zu denken. Um nicht ständig anzuecken, habe ich mir auch angewöhnt, erst nachzudenken und dann zu entscheiden. Das wiederum hat dazu geführt, dass ich nicht mehr in der Lage war, auf ein natürliches Bauchgefühl zu vertrauen.

Nachdem mir meine Freundin diesen Rat gegeben hat, habe ich mir vor Augen gehalten, dass in meinem Herzen Jesus lebt. Und das Bauchgefühl ist ja eine Herzensentscheidung. Also kann ich eigentlich nichts falsch machen, wenn ich auf mein Herz, oder mein Bauchgefühl höre.

Kurz darauf habe ich Philipp kennengelernt. Auf einer Onlineplattform für Singles. Wir haben nur ganz wenig geschrieben, dann gleich zum ersten Mal telefoniert. Und innerhalb weniger Tage waren unsere täglichen Telefonate von 30 Minuten auf 6 Stunden angestiegen. Ja, wir haben geschlagene 6 Stunden am Abend miteinander telefoniert.

Am 14.Mai 2010 haben wir zum ersten Mal miteinander telefoniert. Am 19.Mai habe ich Philipp erklärt, dass ich mein Leben mit ihm teilen möchte. Auch, wenn ich nicht weiß, wohin mich dieser Weg führt. Ich war mir sicher, dass es der richtige Weg war. Und trotz vieler Höhen und Tiefen haben wir 1,5 Jahre später geheiratet.

Als Philipp und ich entschieden haben zu heiraten, hatten wir ein ganz bestimmtes Datum vor Augen: den 19. Mai 2012. Das wäre genau zwei Jahre nach unserem Kennenlernen gewesen.

Doch dann kam alles anders. Ich hatte ein gutes Jobangebot in Berlin und mich zog es in diese Stadt. Einige Wochen zuvor war ich dort für einige Tage im Urlaub gewesen und hatte mich sofort verliebt. Und ich wollte weg. Weg von dort, wo die Erinnerungen an die vergangenen Jahre so sehr schmerzten und meine Wunden immer wieder aufgerissen wurden.

Philipp war von der Entscheidung zwar nicht so begeistert wie ich, für ihn stand aber fest, dass wir nur gemeinsam gehen werden.

Und dann kam die Frage, wie wir das mit der Hochzeit machen. Wir waren uns sicher, dass der Weg nach Berlin der richtige war. Doch das warf unsere Pläne gewaltig durcheinander.

Denn der Job sollte im Januar beginnen, heiraten wollten wir aber erst im Mai.

Da für uns ebenso feststand, dass wir niemals unverheiratet zusammenziehen würden, standen wir vor der Qual der Wahl:

Zwei Wohnungen in Berlin suchen oder Hochzeit vorziehen und zumindest standesamtlich noch zu heiraten bevor wir umziehen wollten.

Wer einmal versucht hat, in einer Großstadt eine bezahlbare Wohnung zu finden, dem ist klar, dass die erste Möglichkeit schon alleine wegen der Unmöglichkeit zwei Wohnungen zu finden ausschied. Es ist schon schwierig genug, zwischen den vielen Mitbewerbern herauszustechen, um nur eine Wohnung zu bekommen.

Also haben wir uns hingesetzt und Gott gefragt, was wir machen sollen.

Wir sind auf gewaltigen menschlichen Widerstand gestoßen als wir verkündet haben, dass wir 6 Wochen später heiraten würden.

Doch wir waren uns absolut sicher, dass das der richtige Weg war.

Und dieser Weg hat sich in den vergangenen Jahren immer wieder bestätigt.

Wir hatten wenig Geld, ein kleines Kind, ich war bereits auf dem Weg zum ersten Burn-out und die Rücken-OP war erst 11 Monate her. Trotzdem waren wir sicher, dass wir den Weg gehen, den Gott für uns vorbereitet hatte.

Und der Segen, der darauf liegt, den Weg Gottes zu folgen, der kam.

Da wir durch die vorgezogene Hochzeit bereits verheiratet waren als der Burn-out und die Lebervergiftung ihren Höhepunkt erreicht hatten, konnte sich Philipp sehr intensiv um mich kümmern.

Wir konnten zusammenwachsen und fern jeglicher negativer Erinnerungen zueinanderfinden und eine Familie werden.

Was wäre passiert, wenn wir auf die Bedenken und Einwände der Menschen um uns herum gehört hätten? Ganz ehrlich? Ich habe keine Ahnung. Doch ich bin mir sicher, dass viele Dinge anders gelaufen wären, wenn wir nicht vor dem Umzug noch geheiratet hätten. Vermutlich hätte ich irgendwann Panik bekommen, was mit einer weiteren Flucht verbunden gewesen wäre.

In der Bibel finden wir viele Beispiele dafür, wie sehr Gott es segnet, wenn wir auf ihn und nicht auf Menschen hören. Häufig spricht Gott zwar durch andere Menschen zu uns, doch wenn wir mit Hilfe des Heiligen Geistes lernen, das Reden Gottes von den menschlichen Worten zu unterscheiden, wissen wir ganz genau, wann Gott zu uns spricht. Aber auch, wann es eben nicht Gottes Worte sind.

Ich habe einmal in einem Buch gelesen, dass wir Gottes Reden in unserem Leben daran erkennen, wenn wir mit dem, was uns gesagt wird, Frieden haben.

Du hattest in deinem Leben sicher auch schon einmal eine Situation, in der dir jemand einen Rat gegeben hat, mit dem du dich unwohl gefühlt hast. Irgendwas in dir hat dir gesagt, dass es besser ist, diesem Rat nicht zu folgen.

Genau diese Unsicherheit ist sehr häufig ein Signal dafür, dass wir uns den Schritt, den wir eigentlich gehen wollten, noch einmal gut überlegen sollten.

Sind wir jedoch auf dem richtigen Weg, dem Weg, den Gott für uns vorgesehen hat, dann kann uns nichts und niemand davon abbringen, ihm zu folgen.

Allerdings nur, wenn wir über ein starkes Selbstbewusstsein verfügen und in der Lage sind, unsere Werte und Entscheidungen zu leben und dafür auch geradezustehen.

Ich muss hier an meinen Vermieter denken. Als er entschieden hat, dass er in den vollzeitlichen Dienst gehen und den Weg als Missionar antreten wollte, hatte er gewaltige menschliche Hürden zu überwinden. Menschen, die ihm das ausreden wollten, er musste eine Fremdsprache lernen, obwohl er als Legastheniker schon enorme Schwierigkeiten mit der

Muttersprache hatte etc. Doch er war sich seiner Sache so sicher, dass er alles dafür getan hat, was nötig war, um als Missionar in den vollzeitlichen Dienst zu gehen.

Mittlerweile arbeitet er seit vielen Jahren in der Jugendhilfe. Er baut Ausbildungsbetriebe und bildet Jugendliche aus, um ihnen eine Basis fürs Leben mitgeben zu können. Er hat auf seine innere Stimme gehört und wurde damit vielen Menschen zum Segen.

Sicherlich kann uns dieses innere Gefühl, die innere Stimme, auch mal täuschen und auf eine falsche Fährte locken.

Bist du krank und ängstlich, fühlst dich wertlos und nutzlos, dann wirst du vermutlich auch auf diese innere Stimme nicht vertrauen. Und dich eher an dem festhalten, was andere Menschen dir alles sagen. Auch, wenn du dich damit nicht wohlfühlst.

Wenn unser Geist aber wachsam ist, dann werden wir schnell feststellen, dass wir falsch abgebogen sind und können den Fehler noch korrigieren.

Müssen wir es jedem immer recht machen?

Nein! Definitiv nicht! Und das können wir überhaupt nicht. Wie auch?

Zur Erinnerung: Denk an die Klamotten!

Gönn dir mal den Spaß und schreibe eine Woche lang auf, was andere Menschen gerne alles an deinem Leben auszusetzen haben. Angefangen von der kleinen Haarsträhne, die am Kopf absteht, bis hin zu deinem Job oder den Ehepartner, den du gewählt hast.

Wenn du in einem gesunden Umfeld lebst, Menschen um dich gesammelt hast, die dich so akzeptieren, wie du bist, dann dürfte diese Liste nicht wirklich lang sein.

Lebst du aber in ungesunden Beziehungen, kann diese Liste unter Umständen ziemlich umfangreich werden.

Ungesunde Beziehungen fordern von uns unheimlich viel. Der Partner wünscht sich vielleicht, dass die Haare lang sind und eine bestimmte Farbe habe. Dein Nachbar stört sich daran, dass du Übergewichtig bist und jemand anders kann nicht nachvollziehen, dass du keinen grünen Daumen hast oder dich mit technischen Dingen nicht auskennst. Deine Nase ist zu groß, zu klein oder zu krumm. Deine Augen stehen zu dicht beieinander oder der Nasenrücken ist zu breit. Das der Markt der Schönheitschirurgie so erfolgreich ist, hängt genau damit zusammen. Weil Menschen ständig an allen möglichen Ecken und Enden etwas an anderen Menschen auszusetzen haben.

Weil Schönheitsideale vorherrschen, die alles, nur nicht gesund sind.

Menschen vereinsamen, weil Freunde sich darüber streiten, wer mit wem wie viel Zeit verbringen darf. Und Familien zerbrechen, weil Familienmitglieder sich in Situationen einmischen, die nur einem selbst und den Partner etwas angehen.

Vor allem in engen Beziehungen, wie beispielsweise einer Familie, schmerzt es besonders, wenn jemand ständig etwas an einem auszusetzen hat. Je näher uns ein Mensch steht, desto stärkere Verletzungen hinterlässt es, wenn dieser Mensch etwas an uns, unseren Entscheidungen oder unserem Verhalten auszusetzen hat.

Mein Ex-Mann hat mich mit langen, knallroten, Haaren kennengelernt. Allerdings war das für mich nur eine Notlösung, da eine Friseurin mir die Haare versaut hatte. Ich wollte damals eigentlich rote Strähnchen, sie hatte hingegen Strähnchen aufgehellt und dann alles rot eingefärbt. Da meine Haare vorher jedoch schon gefärbt waren, hat das Rot nicht lange gehalten und die Strähnchen verfärbten sich mit jeder Wäsche weiter. Das sah grauenhaft aus und so habe ich kurzerhand den ganzen Kopf blondiert und knallrote Haarfarbe drüber gemacht. Das war auch ein Pokerspiel, ob das klappt. Zur Not hätte ich die Haare dann eben abrasiert. Zum Glück hat es aber geklappt und das Ergebnis waren hellrote Haare. Mit zwei Zöpfen sah ich aus wie Pippi Langstrumpf. Und genau da lernte ich meinen Ex kennen.

So wollte ich aber ja nicht immer rumlaufen. Die Farbe verblasste zunehmend und durch das jahrelange Färben waren meine Haare kaputt. Also bin ich irgendwann zum Friseur und hab sie mir abschneiden lassen.

Und von da ab ging das Gemecker los. Mein Ex-Mann ging sogar so weit, dass er mir mit Suizid drohte, sollte ich meine Haare nicht wieder wachsen lassen. Er hat mich derart unter psychischen Druck gesetzt, dass ich meine Haare wieder wachsen hab lassen. Obwohl ich mich dabei total unwohl gefühlt habe. Ich bin einfach mal ein Kurzhaar-Mensch.

Letztlich war es aber egal, ob die Haare lang oder kurz waren. Auch, nachdem sie wieder gewachsen waren, war das nicht ok. Das Rot zu dunkel, die Klamotten zu spießig (Jeans und T-Shirt waren halt langweilig), die Schuhe nicht hoch genug, der Schaft der Stiefel war zu kurz etc.

Aber ich wollte diese Beziehung ja halten, also habe ich versucht, ihm zu gefallen. Und mich dabei völlig verbogen.

Irgendwann war ich nur noch ein Abbild der Person, die er sich an seiner Seite gewünscht hat. Nur eben nicht mehr der Mensch, der ich einst war.

Ich habe mich immer weiter verbogen und versucht, es allen irgendwie recht zu machen.

Und dabei habe ich mich selbst komplett aus den Augen verloren.

Doch das ist genau das, was Gott eben nicht von uns möchte.

Gott hat sich eine ganz bestimmte Person vorgestellt, als er dich geschaffen hat. Bereits vor deiner Zeugung wusste er, welche Augenfarbe du haben wirst, wie deine Haare aussehen und welche Charakterzüge deine Persönlichkeit ausmachen werden. Er kannte jedes einzelne Muttermal auf deiner Haut.

Und wenn Gott dich genauso, wie du bist, geschaffen hat, warum solltest du dich dann verbiegen, nur um anderen Menschen zu gefallen?

Ja, wir müssen stetig an uns arbeiten. Wir sind Menschen und Menschen machen Fehler. Wir müssen so manches negative Verhalten ablegen und lernen, uns so zu verhalten, dass wir innerhalb unserer Kultur zurechtkommen.

Von Verbiegen war aber nie die Rede!

Denn ebenso, wie wir lernen dürfen, wir selbst zu sein, ist es unsere Aufgabe zu lernen, jeden so anzunehmen wie er ist. Es ist nicht die Aufgabe von uns Menschen, anderen Menschen vorzugeben, wie sie zu sein haben.

„Wenn aber mein Job eine bestimmte Kleiderordnung hat? Oder ich in meinem Job keine Piercings, Ohrringe oder Tattoos tragen darf?", wirst du jetzt vielleicht einwenden.

Sich für die Arbeit, die man macht, einer bestimmten Kleiderordnung unterzuordnen hat nichts mit Verbiegen zu tun. Mancher Job erfordert nun mal, dass wir bestimmte Kleidung tragen. In einer Bank gehört ein Anzug dazu, ein Handwerker trägt seine Handwerkskluft und in pflegerischen Berufen ist es üblich, weiße Kleidung zu tragen.

Eine Erzieherin im Kindergarten sollte nicht unbedingt im Minirock erscheinen, da sie als Vorbild fungiert und wenn du dein Tattoo zudecken musst, ist das nun mal eine Vorgabe deines Arbeitgebers.

Jedoch darf dir der Arbeitgeber nicht vorschreiben, wie du dich in deiner Freizeit kleidest oder welchen Hobbys du nachgehst. Er darf dich nicht wegen deines Glaubens diskriminieren.

Deine Freunde sollten dir nicht vorgeben, ob du dich schminken darfst und welche Kleidung du zu tragen hast.

Allerdings möchte ich an dieser Stelle auch folgendes anmerken: Freunde und Familie sind nicht nur dazu da, sich gegenseitig zu helfen. Gute Freunde und die Familie sollten auch korrigieren dürfen.

Ich sehe es als meine Pflicht an, meine Freunde oder Familienmitgliedern auch darauf hinzuweisen, wenn sie mit einem bestimmten Verhalten oder einer festgefahrenen Meinung falsch liegen.

Jedoch ist es mir ebenso wichtig, dass meine korrigierenden Hinweise immer im Sinne Gottes sind. Niemals nur das wiedergeben, was ich persönlich denke.

Wenn eine Freundin Ehebruch begehen würde, wäre es meine Pflicht, sie auf ihren Fehler hinzuweisen und deutlich mit ihr zu sprechen. Jedoch nicht, weil ich es für falsch halte, sondern vielmehr, weil die Treue zu unseren Ehepartnern ein Gebot Gottes ist.

Spricht mein Mann zu forsch mit den Kindern, greife ich ein und weiße ihn darauf hin, dass er mehr Geduld aufbringen sollte.

Ich schaffe das auch bei Weitem nicht so, wie ich es möchte. Und auch ich mache noch viele Fehler, die die liebevolle Korrektur durch meine Mitmenschen erforderlich machen.

Der springende Punkt ist aber, dass es eben mit Liebe geschieht. Jesus hat immer liebevoll korrigiert, niemals mit Hass. Selbst dann nicht, als er wütend im Tempel die Tische der Händler umgeworfen und ihnen vorgeworfen hat, aus dem Tempel eine Räuberhöhle gemacht zu haben. Er war wütend, jedoch nicht voller Hass.

Ich habe im Laufe meines Lebens einige Menschen kennengelernt, die es sich zur Aufgabe gemacht haben, über andere Menschen zu urteilen und sie zu korrigieren.

Diese Menschen haben jedoch nicht wirklich versucht, mir dabei zu helfen, Gott ähnlicher zu werden. Viel mehr war es ihr Ziel, mich so zu formen, wie sie selbst es sich für mich vorgestellt hatten. Ich sollte die Person werden, die sie vor Augen hatten. Nicht die Frau, die sich Gott gedacht hatte.

Auch heute noch bin ich weit davon entfernt, so zu sein, wie ich sein soll. Aber ich bin deutlich näher dran, die Frau zu werden, die Gott möchte, dass ich bin, als noch vor 10 Jahren. Und Menschen um mich zu haben, die mir die Möglichkeit geben, zu wachsen und geformt zu werden, stärkt mich und hilft mir dabei, auf mein Herz zu hören und meine Entscheidungen zu treffen.

Was ist jetzt aber, wenn dieses Bauchgefühl dazu führt, dass wir versuchen, absolut perfekt zu sein? Ich war ja lange sehr perfektionistisch. Das hat mich wiederum an den Punkt gebracht, zum zweiten Mal fast einen Burn-out zu erleiden.
Vor allem stellt sich die Frage, was Perfektionismus mit Missbrauch zu tun hat.
Darüber habe ich mir lange Gedanken gemacht. Warum sind Menschen, die Missbrauch erlebt haben, häufig so extrem perfektionistisch?

Nicht perfekt ist perfekt genug

Der Drang danach, perfekt zu sein, ist so fest in uns Menschen verankert, dass wir schon alleine aufgrund unserer Genetik dazu verurteilt sind, daran zu scheitern.

Hm, stimmt das? Woher kommt denn dieser unbändige Drang danach, alles immer richtig machen zu müssen? Warum können wir uns nicht damit zufriedengeben, dass die Dinge manchmal eben nicht perfekt sind?

Im ersten Band der Supermama-Reihe habe ich diesen Punkt kurz angerissen. Bei den Gesprächen, die sich mit meinen Lesern später dann ergeben haben, habe ich festgestellt, dass genau diese Einstellung häufig die Wurzel allen Übels ist.

Wir sind so sehr darauf fixiert, es allen recht machen zu müssen, immer alles perfekt hinzubekommen, dass wir zwangsläufig dazu verurteilt sind, an diesem Perfektionismus zu scheitern.

Als ich auf meinen Schulabschluss hinsteuerte, kam dieser Perfektionismus langsam in mir hoch. In einer Zeit, in der der Missbrauch durch Klassenkameraden gerade volle Fahrt aufgenommen hatte. Während ich in den ersten Jahren vermutlich eine extrem anstrengende Schülerin war, die ständig ihre Hausaufgaben nicht dabei hatte und deren Hefteinträge kaum zu lesen waren, wurde ich ab der 8. Klasse plötzlich extrem ehrgeizig. Ich habe mir jemanden gesucht, der mir in meinem schwächsten Fach, Mathe, Nachhilfe gegeben hat, und habe in den letzten Wochen vor meinem Schulabschluss viel gebüffelt.

Mein Ziel war, einen Notendurchschnitt von 1,9 zu bekommen, um ohne Aufnahmeprüfung in die nächst höhere Stufe zu kommen. Ich wollte allen beweisen, dass ich etwas konnte und nicht dumm war nur, weil ich die Hauptschule besucht habe.

Dieser Ehrgeiz hat mir zu einer 1,45 verholfen, ich hatte den zweitbesten Quali der ganzen Stadt.

Der 10. Klasse und somit einem mittleren Bildungsabschluss, stand also nichts mehr im Wege.

In der Berufsschule ging es genauso weiter. Da ich im ersten Ausbildungsbetrieb mit dem Chef überhaupt nicht klarkam, habe ich gleich zu Beginn des ersten Lehrjahres noch mal gewechselt und dadurch erst 3 Monate später als meine Klassenkameraden mit der Ausbildung angefangen. Mein Ehrgeiz verhalf mir dazu, trotz der verpassten 3 Monate am Ende des Lehrjahres Klassenbeste zu sein.

Und auch in meinem Berufsleben nach der Ausbildung zog sich dieser Perfektionismus durch meine Laufbahn.

Mein ganzes Leben drehte sich nur noch darum, perfekt zu sein und vor allem alles steuern zu können.

Der Missbrauch hatte mich bereits voll im Griff und je mehr ich in diesem Hamsterrad gefangen war, desto stärker versuchte ich, andere Dinge in meinem Leben zu steuern. Zumindest im Beruf konnte ich mit Ehrgeiz zeigen, dass ich etwas drauf hatte.

Allerdings wollte ich das viel mehr mir selbst beweisen, als jemand anderem.

Und dann bekam ich mein erste Kind. Plötzlich war ich damit konfrontiert, dass ich nicht alles steuern konnte.

Nach einer schweren Schwangerschaft kam mein Sohn vier Wochen zu früh. Per ungeplantem Kaiserschnitt. Dabei wollte ich eigentlich eine Hausgeburt. Und ehe ich mich versah, musste ich dabei zusehen, wie mir mein Kind aus dem Bauch herausgeschnitten wurde.

Ok, wirklich gesehen hab ich es nicht. Da hing ja das Tuch vor meinem Gesicht, damit ich die Sauerei nicht sehen konnte, die eine Geburt zwangsläufig mit sich bringt. Vielmehr lag ich da, mit überhöhtem Blutdruck, einer Schwangerschaftsvergiftung, angeschlossen an allen möglichen Geräten und Infusionen. Überall standen Überwachungsgeräte herum. Und während ich den OP vollgekotzt habe, zog der Arzt dieses kleine Wesen aus meinem Bauch und hat dann auch noch von mir erwartet, dass ich ihm sofort sagen konnte, wie das Kind denn heißen soll.

Ähm, ja. Mal abgesehen davon, dass ich gerade gegen einen Kreislaufzusammenbruch angekämpft habe, hatten wir uns noch nicht darauf geeinigt, wie der Zwerg heißen sollte.

Also zog die Hebamme mit MEINEM Kind im Arm von dannen und ich musste über mich ergehen lassen, wie mich der Arzt wieder zusammengeflickt hat, während mein Sohn in einem anderen Zimmer versorgt wurde.

Als ich wenige Zeit später nach meinem Sohn fragte, wurde ich damit konfrontiert, dass er wegen der Frühgeburt aktuell auf der Kinderstation im Frühchenzimmer liegt und eine Infusion gegen den etwas niedrigen Zuckerwert bekommt.

Spätestens ab diesem Zeitpunkt musste ich lernen, dass es Dinge im Leben gibt, die man einfach nicht steuern kann. Eine Geburt kann noch so gut geplant sein. Hebammen hatte ich, es war schon alles zu Hause, was mir meine Hebamme empfohlen hatte. Eine saugstarke Unterlage, eine abwaschbare Unterlage, viele Handtücher und einen Gymnastikball. Alles war da.

Nur mein Körper hat nicht mitgemacht. Mit einer Schwangerschaftsvergiftung ist nicht zu spaßen. Und so kam es, dass ich genau das bekommen hatte, was ich für die Geburt meines ersten Kindes am allerwenigsten wollte: ein Kaiserschnitt in einem sterilen OP. Umringt von 7 Ärzten, Schwestern, Hebammen. Es waren tatsächlich 7 Menschen mit mir in diesem OP, die dafür verantwortlich waren, dass mein Kind gesund zur Welt kommt und ich dabei nicht kollabierte (Bei der Geburt meiner Zwillinge empfing mich ein 4köpfiges Team).

Und nachdem ich dann doch Probleme mit meinem Kreislauf bekam und den OP vollgekotzt habe, durfte ich mein Kind nicht einmal direkt nach der Geburt in den Arm schließen.

Erst am nächsten Tag, als ich selbst bei Kräften war, hat mich eine Schwester endlich im Rollstuhl zu meinem Kind gebracht.

Und auch, wenn er nur wegen etwas niedrigen Zuckerwerten auf der Frühchenstation lag, war es für mich wie ein Schlag ins

Gesicht, mein Kind so zu sehen. Am Herzmonitor angeschlossen, mit einer Infusionsnadel in der Schläfe lag er in seinem Bettchen und schaute mich mit seinen großen blauen Augen an.

Gut, das Ganze ging dann echt schnell. Nach zwei Tagen kam der Zwerg bereits zu mir und ich konnte das Krankenhaus planmäßig vier Tage nach dem Kaiserschnitt verlassen.

Trotzdem hat es gedauert, bis sich das Leben eingependelt hat. Alle zwei Stunden füttern, abpumpen, weil Baby zu schwach zum Stillen war, Windeln wechseln, vollgekotzt werden, umziehen, Baby umziehen und irgendwo dazwischen auch noch versuchen, etwas Schlaf abzubekommen und zu duschen. Und wenn all das funktioniert, muss man dem beleidigten Ehemann auch noch immer wieder beteuern, dass die Lust darauf, für das nächste Baby schon mal zu üben, gerade alles andere als ausgeprägt, beziehungsweise schlichtweg nicht vorhanden ist.

Die Ära der nicht perfekten Jahre hatte begonnen.

Sicher verläuft nicht jede Geburt so. Vielleicht verlief ja die Geburt deines Kindes oder deiner Kinder, völlig entspannt und genau so, wie du es dir vorgestellt hast.

Aber spätestens nach der Entbindung hat sich dein Leben definitiv geändert.

Kinder kann man nicht vorausplanen, man kann nicht vorhersehen, wann sie dir die Klamotten von oben bis unten vollkotzen oder eine volle Windel plötzlich so voll wird, dass sich der Inhalt auf deinem Sofa ausbreitet. Du kannst nicht immer vorher schon erkennen, wenn ein Trinkbecher Opfer der Schwerkraft wird und sich auf den Boden begibt. Oder wenn die blöden Fleckenmonster entscheiden, es sich auf deiner Lieblingsbluse bequem zu machen, die du für den Osterkaffee extra noch gewaschen hattest.

Das Interessante ist aber, dass genau diese Umstände von den meisten Müttern akzeptiert werden. Flecken, volle Windeln und schlaflose Nächte gehören ja dazu, wenn man Kinder hat. Auch, wenn es anstrengend ist. Das macht das Muttersein doch erst so richtig spannend. Denn schließlich wird man in den nächsten Jahren noch oft genug durch liebevolle Gesten des Nachwuchses für die anstrengenden Momente entschädigt.

Wenn es aber darum geht, in anderen Bereichen des Lebens hinzunehmen, dass Dinge auch mal anders laufen können als man es sich vorgestellt hat, dann stehen wir von jetzt auf gleich vor einem schier unbezwingbaren Berg.

Die Angst zu versagen breitet sich in uns aus und beginnt, die Gedanken zu beherrschen.

Das, was sich dann in einem breit macht, kommt einer inneren Lähmung gleich.

Da du dieses Buch liest, bin ich so frei dir zu unterstellen, dass du genau solche Situationen in deinem Leben kennst. Situationen, in denen du nahezu handlungsunfähig wirst, weil du meinst, die bevorstehende Herausforderung nicht stemmen zu können.

Nicht gut genug zu sein, nicht perfekt genug. Die Angst davor, den Anforderungen nicht gerecht zu werden und es den Anderen nicht recht zu machen.

Mich haben diese Gedanken über Jahrzehnte hinweg fast zerfressen. Ich war so voller Selbstzweifel, dass ich nach meinem Schulabschluss nichts mehr richtig angepackt habe. Die Ausbildung musste ich aus gesundheitlichen Gründen vorzeitig abbrechen. Und danach habe ich nichts mehr wirklich gewagt. Ich habe viele Versuche gestartet, mich auf dem 3. Bildungsweg weiterzubilden. Ich habe über Fernschulen verschiedene Weiterbildungen gemacht und jedes Mal, wenn die mündliche Prüfung bevorstand, den Schwanz eingezogen und gekniffen.

Erst im vergangenen Jahr, mit 37 Jahren, habe ich es geschafft, eine Fortbildung wirklich durchzuziehen und die Prüfung vor der IHK auf mich zu nehmen.

Als mir mein Zertifikat überreicht wurde, war ich unheimlich stolz. Das war nach 20 Jahren die erste mündliche Prüfung, der ich mich gestellt habe.

Und dieses stolze Gefühl, etwas erreicht zu haben, hat mich gepuscht und mich dazu motiviert, auch andere Ziele in die Hand zu nehmen und so lange dran zu bleiben, bis ich sie erreicht hatte.

Wie machst du das? Bist du bereit, über deinen Schatten zu springen, den Ängsten die Stirn zu bieten und für deine Ziele zu kämpfen? Oder lässt du dich von der Angst, vor dir und anderen zu versagen, lähmen? Lässt du es zu, dass der Feind dich davon abhält deiner Bestimmung zu folgen, indem er dich anlügt?

Wie viel Raum lässt du der Lüge, immer perfekt sein zu müssen, in deinem Leben?

Doch was ist eigentlich genau „perfekt?" Wer setzt denn den Maßstab danach, wie etwas gemacht sein muss, damit es perfekt ist?

Früher habe ich die Maßstäbe von anderen Menschen übernommen. Von Menschen, die älter waren oder in meinen Augen schlauer. Menschen, die wussten, wie man es macht. In meiner ersten Ehe haben sowieso nur die Maßstäbe meines Mannes gegolten. Alles, was ich selbst entschieden hatte oder machen wollte, war nicht gut genug.

Dabei habe ich eines aber völlig übersehen: Das, was in den Augen anderer perfekt ist, muss noch lange nicht für mich auch passen. Jeder Mensch hat andere Maßstäbe, andere Vorstellungen.

Und jeder Mensch hat seine Begabungen und Talente an einer anderen Stelle. Meine Nachbarin zum Beispiel ist sehr sportlich. Das war ich noch nie. Ich bin mir sicher, dass ich es nie schaffen werde, ihr in ihren Disziplinen das Wasser zu reichen. Selbst dann nicht, wenn ich weiter abnehme und täglich trainiere.

Dafür habe ich Bereiche, in denen ich talentiert bin. Ich kann schreiben, das liegt auch nicht jedem.

Mein Mann kann gut rechnen, das kann ich nicht. Und unser Sohn zeichnet sehr gut.

In unserer Gemeinde finden sich Handwerker, Techniker, Köche und Finanzgenies.

All diese wunderbaren Fähigkeiten sind nötig. Und es ist gut so, dass niemand alle Fähigkeiten hat. Denn auf diesen Weg ergänzen wir uns und können uns gegenseitig helfen und unterstützen. Das fördert das Zusammenleben innerhalb der Familie und Gemeinschaft.

Was genau perfekt ist und was nicht, bestimmen also nicht andere Menschen für uns. Wir selbst müssen uns Gedanken darüber machen, was für uns perfekt ist. Der Punkt, an dem wir uns wohlfühlen. Das, was in diesem einen Moment für dich passt. Das ist in genau diesem Moment auch perfekt.

Mein Rat für Betroffene

Eigentlich kann ich das Buch an dieser Stelle schließen. Eigentlich ist es fertig. Denn meine Geschichte ist erzählt. Du siehst an meinem Leben, dass es durchaus möglich ist, nach einem Leben voller Schmerz, Missbrauch und Verachtung, wieder neues Vertrauen aufzubauen und ein Leben voller Liebe führen zu können.

Doch genaugenommen fehlt noch ein sehr wichtiges Thema: die Therapie!

Vielen Menschen widerstrebt es, eine Psychotherapie zu machen oder zuzugeben, dass sie sich einen Therapieplatz gesucht haben.

In vielen christlichen Kreisen ist Psychotherapie etwas, was unnötig ist, denn die einfache Seelsorge, wie sie häufig vor allem in Freikirchen zu finden ist, muss ausreichen.

Ich bin weder Therapeutin noch Seelsorgerin. Ich bin ein Opfer, das es geschafft hat, mit Gottes Hilfe die Vergangenheit hinter sich zu lassen und ein Leben in Freiheit und Liebe zu führen.

Heute bin ich eine Frau, die selbstbestimmt mit ihrem Mann zusammen Entscheidungen trifft, ihr Leben lebt und anderen Menschen Mut machen möchte.

Und ich bin ehrlich: Ich habe trotz mehrfacher Empfehlung keine Therapie gemacht. Mir hat es widerstrebt. Ich hatte Angst vor dem, was ein Therapeut hervorholen würde. Ich wollte keine tiefenpsychologische Behandlung, war nicht bereit dazu, vor einem mir völlig fremden Menschen meine Vergangenheit auszubreiten.

Ja, Gott hat mich auch so geheilt. Ohne Therapie.

Doch der Weg bis zu dem Punkt, an dem ich heute stehe, war sehr lange. Unnötig lange. Ich bin mir sicher, dass der Weg der Heilung kürzer gewesen wäre, wenn ich mich schon beim ersten Mal, als mir jemand empfohlen hatte, eine Therapie zu machen, dazu überwinden hätte können.

Das war vor beinahe 9 Jahren. Zu einem Zeitpunkt, an dem außer mein Mann niemand von dem Missbrauch in meiner Vergangenheit wusste. Doch die Symptome waren da. Viele Jahre. Mein Mann hat diese Jahre durchgehalten, allerdings hat er auch unnötige Schmerzen aushalten müssen, weil ich ihm durch meine eigenen Verletzungen Wunden zugefügt hatte.

Ich möchte und ich kann dir nicht vorgeben, was du tun sollst. Ich sehe es weder als meine Aufgabe an, noch bin ich kompetent dazu, dir hier einen Weg vorzugeben.

Durch meinen Heilungsweg kann ich dir jedoch sagen, dass eine Therapie durch einen Traumatherapeuten sicher nicht verkehrt ist.

Solltest du dich, wie ich, gegen eine Therapie entscheiden, dann gebe ich dir den Rat, dir zumindest eine Person zu suchen, der du vertraust und bei der du dich öffnen kannst. Sprich mit deinem Partner/deiner Partnerin offen über deine Vergangenheit.

Auch, wenn dir der Schritt, dich zu öffnen, am Anfang schwerfallen wird, ist es der einzig richtige Weg. Geh in die Offensive und lass nicht länger zu, dass deine Vergangenheit deine Zukunft bestimmt.

Ich habe sehr lange geschwiegen und bin daran beinahe zugrunde gegangen. Die Angst vor den Reaktionen anderer Menschen hat mich davon abgehalten, offen über meine Vergangenheit zu sprechen.

Dass diese Angst unbegründet war, durfte ich sehr heilsam erleben, als ich damit begonnen habe, mich zu öffnen. Menschen sind auf mich zugekommen, haben mich in den Arm genommen, mir Mut zugesprochen. Plötzlich war ich von Menschen umgeben, dir mir ihre Geschichte erzählt haben. Das waren teilweise mir völlig fremde Menschen, teilweise sogar enge Freunde, die genau wie ich viele Jahre dieses Geheimnis wie eine schwere Last mit sich herumgetragen haben.

Ich durfte die Erfahrung machen, wie gut es für mich selbst war, offen reden zu können. Ich muss nicht mehr versuchen, mich zu verstecken, trage dieses Geheimnis nicht länger als Geheimnis mit mir herum. Ständig aufzupassen, was ich von meiner Vergangenheit preisgebe, war echt schwer. Und mit jedem Tag, an dem ich nicht darüber gesprochen habe, wurde es schwieriger, mich zu öffnen.

Ja, es ist schmerzhaft, darüber zu sprechen.

Aber diese Schmerzen werden mit der Zeit schwächer und irgendwann wirst du so weit sein, dass du locker darüber reden kannst.

Halte dir immer vor Augen, dass Gott einen wunderbaren Plan für dein Leben hat!

In diesem Sinne wünsche ich dir von ganzem Herzen, dass du deinen Weg findest und es schaffst, aus deinem Schneckenhaus herauszukommen, um ein Leben voller Freiheit und Liebe genießen zu können!

Hallo liebe Leserin, lieber Leser!

Es freut mich sehr, dass du dieses Buch gerade in Händen hältst und es bis zum Schluss gelesen hast.
Ich hoffe, dass du darin das gefunden hast, was du gesucht hast.
Du hast Fragen, Anregungen oder möchtest mich einfach näher kennenlernen? Dann freue ich mich auf eine Nachricht von dir!

Neben meinen Büchern schreibe ich noch einen Blog, der unser Leben mit unserer behinderten Tochter und unserem hörgeschädigten Sohn beschreibt.
Wie in meinen Büchern auch, möchte ich mit dem Blog ermutigen, uns mit dem Leben, so wie es uns Gott gibt, zu versöhnen und unsere Aufgabe anzunehmen.
Du findest meinen Blog unter www.du-bist-perfekt.de

Auf meiner Homepage www.myspiritdesign.net kannst du meine Bücher direkt mit Autorenwidmung bestellen.

Schau doch mal vorbei!

Es grüßt dich ganz herzlich

Melanie Stadelbauer

Weitere Bücher der Autorin:

Endlich frei! – Wenn Ketten reißen

Mein Leben nach dem Missbrauch

Der 3. Band der Supermama-Reihe geht tiefer darauf ein, wie das Leben weitergehen kann, wenn wir dem Missbrauch den Rücken gekehrt haben. Unsere Seele ist verletzt. Wir verstecken uns hinter einer Fassade oder Maske. Versuchen, uns durch unser Verhalten, die Art wie wir uns kleiden und wie wir uns in der Öffentlichkeit geben, zu verstecken.

Wenn die Ketten reißen, ändert sich unser Leben. Endlich frei! Und dann? Du stehst vor dem Spiegel und kennst die Person, die dich anblickt, nicht. Wer bist du eigentlich? Was für ein Mensch steckt hinter der Fassade? Welche Wunden versuchst du, zu verstecken? Welcher Teil deiner Vergangenheit hat dafür gesorgt, dass du heute so bist, wie du bist? Und was kannst du tun, um die Bereiche deines Lebens anzupacken, die sich verändern müssen?

Ich möchte dich mit diesem Buch auf eine Reise mitnehmen. Eine Reise zu dir selbst. Die Reise zu den Ursachen deiner Verletzungen, die dein heutiges ICH immer noch steuern.

Ich bin keine Psychologin oder Psychotherapeutin. Ich bin auch keine Seelsorgerin. Aber ich kann dir von meinen Erfahrungen berichten. Von den Dingen, die mich verändert haben. Die Situation, die meinen Körper im wahrsten Sinne des Wortes vergiftet haben. Und davon, wie Gott mir geholfen hat, diese Wunen zu zeigen und zuzulassen, dass ER alles in seine Hand nimmt.

ISBN: 9783-7497-1880-1   Erscheint voraussichtlich am 01.01.2020

Die Suche nach der Supermama!

Warum wir lernen müssen aus unserer Komfortzone herauszutreten und neue Wege zu wagen.

"Kennt ihr diese Tage, an denen ihr morgens aus dem Bett hüpft noch bevor der Wecker geklingelt hat, mit Elan frisch geduscht, gestylt und hübsch angezogen in der Küche steht und euren Liebsten mit einem Kuss auf die Wange das frisch gemachte Frühstück serviert?

Nicht? Echt nicht? Cool! Dann geht's euch ja so wie mir auch. Bei mir sieht der Tag so vielleicht in den Träumen meines Mannes aus.

Ich hingegen quäle mich um kurz vor 6 Uhr aus dem Bett. Der Kaffee läuft schon durch die Maschine, da mein Mann weiß, dass ich ohne Kaffee nicht ansprechbar bin.

Meine Haare stehen in alle Richtungen ab und mein Gesicht sagt aus, was ich noch nicht aussprechen kann: Lass mich bloß in Ruhe, bis ich meinen Kaffee getrunken habe. ..."

Der erste Band "Die Suche nach der Supermama" erzählt von einem inneren Kampf, das Leben, mitsamt Haushalt und Kinder, endlich so in den Griff zu bekommen, dass ich noch genügend Zeit für mich selbst hatte. Es gibt einen Einblick in mein Leben und zeigt, wie wichtig es ist, Vertrauen aufzubauen, aus der persönlichen Komfortzone herauszutreten, Gott im eigenen Leben einen Platz zu geben und ihm die Führung zu überlassen.

ISBN: 9783-7497-0049-3   **Erschienen am 01.08.2019**

Der Weihnachtsschatz

Das Adventskalender-Buch für Groß und Klein

Zufällig belauscht Matthias am Abend vor Weihnachten die Eltern. Von einem Schatz ist die Rede, einem ganz besonderen Schatz. Bald schon soll er ankommen und dann gibt es ein großes Fest.

Die Kinder, Matthias, Emma, Sarah, Lena und Hanna, schleichen sich nachts heimlich aus dem Haus, um sich auf die Suche nach dem wertvollen Schatz zu machen.

Werden sie ihn finden? Was haben der alte Martin und die Bäuerin Barbara damit zu tun? Und wer in aller Welt verfolgt die Kinder die ganze Zeit?

ISBN:978-3-7469-8537-4 (Deutsche Ausgabe)
Erschienen am 20.11.2018

ISBN: 978-3-7497-1880-1 (Englische Ausgabe)
Erschienen am 15.09.2019